马克思主义简明读本

社会主义核心价值观

丛书主编：韩喜平
本书著者：刘首华

编 委 会：韩喜平　邵彦敏　吴宏政
　　　　　王为全　罗克全　张中国
　　　　　王　颖　石　英　里光年

吉林出版集团股份有限公司
全国百佳图书出版单位

图书在版编目（CIP）数据

社会主义核心价值观 / 刘首华著. -- 长春：吉林出版集团股份有限公司，2014.4（2024.6重印）
（马克思主义简明读本）
ISBN 978-7-5534-2611-2

Ⅰ.①社… Ⅱ.①刘… Ⅲ.①社会主义建设-价值论-研究-中国 Ⅳ.①D616

中国版本图书馆CIP数据核字（2013）第174252号

SHEHUI ZHUYI HEXIN JIAZHIGUAN
社会主义核心价值观

丛书主编	韩喜平
本书著者	刘首华
责任编辑	王　斌
装帧设计	李　亮

出　　版	吉林出版集团股份有限公司
发　　行	吉林出版集团社科图书有限公司
地　　址	吉林省长春市南关区福祉大路5788号　邮编：130118
印　　刷	北京一鑫印务有限责任公司
电　　话	0431-81629711（总编办）
抖 音 号	吉林出版集团社科图书有限公司 37009026326

开　　本	710 mm×1000 mm　1/16
印　　张	12
字　　数	100千
版　　次	2014年5月第1版
印　　次	2024年6月第4次印刷

书　　号	ISBN 978-7-5534-2611-2
定　　价	36.00元

如有印装质量问题，请与市场营销中心联系调换。0431-81629729

序　言

习近平总书记指出,"青年最富有朝气、最富有梦想""青年兴则国家兴,青年强则国家强""中国梦是我们的,更是你们青年一代的。中华民族伟大复兴终将在广大青年的接力奋斗中变为现实"。

要提高青年人的理论素养。理论是科学化、系统化、观念化的复杂知识体系,也是认识问题、分析问题、解决问题的思想方法和工作方法。青年正处于世界观、方法论形成的关键时期,特别是在知识爆炸、文化快餐消费盛行的今天,如果能够静下心来学习一点理论知识,对于提高他们分析问题、辨别是非的能力有着很大的帮助。

要提高青年人的政治理论素养。青年是祖国的未来,是社会主义的建设者和接班人。要建立青年人对中国特色社会主义的道路自信、理论自信、制度自信、文化自信,就必须要对他们进行马克思主义理论教育,特别是中国特色社会主义理论体系教育。

要提高青年人的创新能力。创新是推动民族进步和社会发展的不竭动力，培养青年人的创新能力是全社会的重要职责。但创新从来都是继承与发展的统一，它需要知识的积淀，需要理论素养的提升。马克思主义理论是人类社会最为重大的理论创新，系统地学习马克思主义理论有助于青年人创新能力的提升。

要培养青年人的远大志向。"一个民族只有拥有那些关注天空的人，这个民族才有希望。如果一个民族只是关心眼下脚下的事情，这个民族是没有未来的。"马克思主义是关注人类自由与解放的理论，是胸怀世界、关注人类的理论，青年人志存高远，奋发有为，应该学会用马克思主义理论武装自己，胸怀世界，关注人类。

正是基于以上几点考虑，我们编写了这套"马克思主义简明读本"系列丛书，以便更全面地展示马克思主义理论基础知识。希望青年朋友们通过学习，能够切实收到成效。

韩喜平

目 录

引 言 / 001

第一章 社会主义核心价值观概论 / 004

    第一节 倡导和践行社会主义

            核心价值观的时代背景 / 004

    第二节 社会主义核心价值观与西方宣传的

            "普世价值"观的根本区别 / 031

    第三节 确立社会主义核心价值观的重大意义 / 039

第二章 社会主义核心价值观之

           富强、民主、文明、和谐 / 056

    第一节 富强 / 056

    第二节 民主 / 067

第三节 文明 / 076

第四节 和谐 / 087

第三章 社会主义核心价值观之
自由、平等、公正、法治 / 099

第一节 自由 / 099

第二节 平等 / 108

第三节 公正 / 120

第四节 法治 / 130

第四章 社会主义核心价值观之
爱国、敬业、诚信、友善 / 140

第一节 爱国 / 140

第二节 敬业 / 150

第三节 诚信 / 159

第四节 友善 / 176

引　言

核心价值观是一个民族、国家、社会及其人民普遍信奉、追求、恪守的基本价值理念和规范，是核心价值体系的精髓。我国封建社会的核心价值观可以说是"仁、义、礼、智、信"，西方资本主义社会的核心价值观可以说是"自由、平等、博爱"。我们党90多年来建立、建设和发展社会主义的历程，同时也是提出和丰富、推广和实践社会主义核心价值观的过程。改革开放以来，我们党在推进中国特色社会主义事业过程中，一直在努力提炼、概括全民族全社会统一的社会主义核心价值观。

党的十八大报告在加强社会主义核心价值体系建设的任务要求中，明确提出"倡导富强、民主、文明、和谐，倡导自由、平等、公正、法治，倡导爱国、敬业、诚信、友善，积极培育和践行社会主义核心价值观"。这是党的十六届六中全会提出建设社会主义核心价值体系以来将这一战略任务引向深入的重要举措,是推进社会主义文化建设的重大进展,是在全面建成小康社会进程中凝聚力量、达成共识、提升价值的有效途径。

确立社会主义核心价值观具有多方面重大意义,从建设社会主义核心价值体系的要求看,社会主义核心价值体系无论是指导理论、共同理想,还是民族精神和时代精神、荣辱观念,都包含着共同的基本的核心价值观,核心价值观是贯通核心价值体系的灵魂,确定核心价值观就能够使核心价值体系建设有了更为集中的价值基础、目标和导向,就能够使核心价值体系有了更为凝练的价值内涵、符号和表达。社会主义核心价值观的提出,从国家、社会、公民三个层面规定了所有中国人都应该遵守的基本道德规范,反映了社会主义核心价值体系的价值本质,是从社会主义核心价值体系到社会主义核心价值观的重要成果。

社会主义核心价值观,从根本上说,是中国特色社会主义经济、政治、文化、社会关系的价值反映,是中国特色社会主义的价值表现，与社会主义核心价值体系相一致、相协调。富强、民主、文明、和谐，是在中国特色社会主义道路上实现民族复兴伟大梦想的国家目标，也是全社会和全体中国人的价值追求，体现了中国特色社会主义经济、政治、文化、社会、生态建设的使命要求，反映了社会主义核心价值体系的根本取向。自由、平等、公正、法治，是马克思主义的社会理想，也是社会主义的价值理想，体现了人类社会普遍追求的精神价值，反映了社会主义核心价值体系的创新取向。爱国、敬业、诚信、友善，是中国特色社会主义对公民的基本道德要求，也是公民的立身之本、成事之基，反映了社会主义核心价值体系的公众取向。积极培育社会主义核心价值观，就要以社会主义核心价值体系为基本价值依据，让社会主义核心价值体系为社会主义核心价值观提供理论、理想、精神和道德支持，二者相得益彰、相互促进。

第一章　社会主义核心价值观概论

第一节　倡导和践行社会主义核心价值观的时代背景

当今世界，正在发生广泛而深刻的变化，多极化、全球化深入发展，科技进步日新月异，各种思想文化相互激荡，综合国力竞争日趋激烈。文化与经济和政治相互交融，越来越成为综合国力竞争的重要因素。当今中国，改革发展进入关键时期，经济体制深刻变革，社会结构深刻变动，利益格局深刻调整，思想观念深刻变化，给我国发展进步既带来巨大活力，也带来种种矛盾和问题。我国社会主义文化建设和意识形态建设既面临着前所未有的发展机遇，又面临着前所未有的严峻挑战。在我们这个十几亿人口的发展中大国，中国共产党在推进改革开放和社会主义现代化进程中所肩负的任务的艰巨性、复杂性、繁重性世所罕见。这充分表明，倡导和践行社会主义核心价值观已不可能在一个自我封闭的环境中进行，必须将其置于经济全球化和后冷战时期的宏观背景与我国从农业社会向工业社会、从传统社会向现代社会、从计划经济体制向市场经济体制转化的总的历史过程中考察，分析时代境遇带来的机遇与挑战。

一、经济全球化背景下的世情

全球化是当今世界发展的最重要趋势，是世界逐渐融合为一个整体的过程。近年来，随着现代科技的进步，特别是信息技术的迅猛发展，全球化在全世界范围内已是不可逆转的潮流。从整个世界来看，全球化既是一种事实，也是一种发展趋势。无论承认与否，它都无情地影响着世界的历史进程，无疑也影响着中国的历史进程。全球化首先表现为经济全球化，即各国经济均被卷入世界市场，诸要素在世界范围内运作，各国经济相互信赖和相互渗透日益加深，呈现某种整体化、一体化的趋势。这一趋势也对社会主义经济领域产生了重大的影响，加速了社会主义经济体制的创新，加快了社会主义国家融入世界经济体系，为改变不合理的国际经济旧秩序，建立和平、合理的国际经济新秩序创立了有利条件。经济全球化的同时也带来了政治、文化的全球化，在经济交往的过程中，人们也开始传播不同的生活方式、观念意识、消费模式，在一个更广阔的空间里，人们开始接受异质文化，思想意识也潜移默化地改变或趋同。于是，一些根深蒂固的传统意识被逐步打破，取而代之的是人们对新思想、新观念的追求，一个更大范围内的价值观悄然形成。于是，在社会主义现代化建设中，传统文化也受到很大冲击，长期发展中形成的截然不同的中西文化在全球化过程中也必然是一个不断斗争、不断融合的过程。西方思想的渗透和传播，带来了文明与进步，同时也伴随着腐朽与消极的思想和价值观，如何充分利用先进的文化和意识来加快社会主义建设，发展社会主义经济，在全球竞争中既保持经济的发展又坚持意识形态的独立性，是摆在现今社会主义经济发展进程中的一项重要而紧迫的任务。

毋庸置疑，全球化是由经济交往和全球化的经济活动所引起的，但全球化绝对不仅仅是单纯的经济过程。正如有学者所言：西方国家利用经济全球化，积极推行文化扩张，对社会主义国家和第三世界国家发动"没有硝烟的战争"，极力以资产阶级的价值观取代社会主义价值观，以资产阶级思想意识取代马克思主义的指导地位，在意识形态领域对我国构成了严重威胁。和平演变战略的始作俑者杜勒斯曾经说过："如果我们教会苏联人唱我们的歌曲并随之舞蹈，那么我们迟早将教会他们按照我们所需要的方法思考问题。在他们那里，新闻、广播、图书、出版、电影、电视、音乐、舞蹈、戏剧、文学、美术、教育、卫生与科学技术等都是向各国进行思想战、心理战的可被利用的'兵种'。"随着高科技进入传媒，互联网的广泛运用，以美国为首的发达国家运用强大而系统的全球信息传播的网络化，并通过国际文化交流，传播其意识形态，进行文化扩张和渗透，扩大对社会主义国家的政治生活、社会生活的影响，从而从根本上影响社会主义价值观，以达到控制社会主义国家的目的。而且，近年来，由于文化产业在世界贸易中比重的激增，促使资本主义的文化扩张和经济利益日益结合起来，从而大大提高了这种文化侵略的积极性。因此，作为社会主义的中国在全球化、网络化条件下所面临的挑战和冲击，不仅包括经济领域的冲击，也包括其政治和精神的影响。在引进西方的文化产品时，既要看到对我国文化市场和文化产业的强大冲击，也要看到对我们的思维方式、价值观念潜移默化的影响。2000年5月24日，克林顿在美国众议院说："我们向中国出口的不仅是产品，还有我们真实的价值观"。美国前驻意大利大使理查德·加德勒认为："决定美国资本主义命运和前途的是意识形态，而不是武装力量。"

随着全球化向纵深发展，价值观念的变化加速，全球的价值冲突与交融、对抗与对话成为一道令人炫目的图景，一方面促进了各国经济、政治和文化的交流，另一方面也使各国面对着不同文化的碰撞。全球化加剧了世界各种思想文化的流传与冲撞，人们接触不良思想与价值观的机会增多，在辨别真伪是非难度加大的情况下，更容易使一部分人迷失自我和思想混乱。发达资本主义国家占主导地位的全球化，要求世界都遵循西方资本主义的意识形态、价值观和生活方式，将西方国内政治制度"外化"到国际政治中，以规范各主权国家的行为。西方发达国家，通过跨国公司和受它们控制的国际经济组织，加紧向发展中国家进行经济渗透和扩张，在全世界争夺资源和市场，同时极力推行它们的发展模式、政治制度和价值观念，企图通过经济全球化实现资本主义的一统天下，这使广大发展中国家的经济主权、国家安全面临着严峻挑战和威胁。正如美国学者亨廷顿所说："对一个传统社会的稳定来说，构成主要威胁的并非来自外国军队的侵略，而是来自外国观念的输入。"以美国为首的西方国家还借口"人权"问题干预经济过程，而且是一个伴随着意识形态运动的政治过程。全球化、网络化对社会主义核心价值观提出了严峻挑战，影响是复杂的，既有积极方面，同时又干涉我国的内政，严重扰乱我国的经济发展秩序。西方反华势力通过宣扬个人主义、拜金主义和享乐主义等西方腐朽的资本主义人生观、价值观和生活方式，腐蚀人们的思想，极度扭曲人们原有的生活方式，这种不健康的价值观念反映在人们的生活当中便会很容易地导致人们对社会主义产生抵制情绪，破坏社会主义经济和谐发展的环境。

当前，和平、发展、合作成为时代潮流，世界多极化、经济全球化的趋势深入发展，各国之间的相互依存加深。同时，国际环境仍然复杂多变，综合国力竞争日趋激烈，影响和平与发展的不稳定、不确定因素日益增多。总体和平，局部战争；总体缓和，局部紧张；总体稳定，局部动荡——这是对当今国际形势状况的一种精当概括。在全球化背景下，各种意识形态的碰撞激荡成为必然，维护我国意识形态安全的任务异常繁重。在我国，马克思主义、社会主义的意识形态仍发挥着主导作用，但也面临着新自由主义、民主社会主义、历史虚无主义、文化保守主义、文化殖民主义、民族分裂主义、反民族主义、实用主义、个人主义、拜金主义、享乐主义等社会思潮以及伪科学、愚昧迷信等"噪音"、"杂音"的严重影响和巨大冲击，"牺牲自己造福别人是愚蠢的想法"、"腐败有利于国民经济的发展"、"腐败是改革过程得以顺利进行的润滑剂"、"没有禁止的就可以干"等极其庸俗的或资本主义的价值观比比皆是，某些人一提起人性、人权、自由、民主、普世价值等就津津乐道（当然不排除社会主义也可以利用其中的合理部分），而对为人民服务、消灭剥削压迫、公有制的主体地位等讳莫如深，给社会主义核心价值观的倡导和践行带来了严峻挑战。对此，我们应保持清醒的头脑，充分认识到在全球化背景下我国在意识形态领域同西方敌对势力的斗争将长期存在，甚至很尖锐、很激烈。如果对资产阶级的意识形态和敌对势力失去警觉，就可能会掉入全球化的陷阱，被资本主义和平演变。为此，我们必须大力倡导和践行社会主义核心价值观，有效抵御西方思想文化渗透，切实维护我国意识形态安全。

二、后冷战时期的社情

在风起云涌的20世纪，世界社会主义经历了一个由革命理论和运动发展为新的社会制度的历程。俄国十月革命的胜利不仅使社会主义由科学理论变成现实，还把全世界的社会主义思想、运动和趋势推向高潮，改变了世界政治力量的对比，唤醒了世界各大洲被奴役的人民起来为摧毁帝国主义殖民体系而斗争，揭开了人类历史的新纪元。第二次世界大战极大地削弱了世界资本主义体系，空前地增强了社会主义在世界范围内的吸引力，这导致社会主义制度在亚洲、欧洲和拉丁美洲一系列国家的建立，使社会主义由一国实践发展为多国实践，由一国模式发展为多国模式。

以苏东剧变为标志，以两极对立为特点的冷战结束，使世界社会主义运动遭受了空前严重的冲击，陷入了低潮，总体振兴乏力。苏联东欧社会主义国家剧变后除中国等少数社会主义国家实现局部大飞跃外，世界社会主义运动无论是在资本主义中心还是在第三世界都还在困难的形势中进行探索，还没有形成20世纪曾经有过的对资本主义的冲击力和对第三世界的影响力。

但也应该看到，后冷战时期，世界社会主义运动在低潮中有局部复兴，在大挫折中有小的发展，在外延缩小的同时有内涵的深化和质量上的提高，特别是中国在中国共产党的领导下不断推进改革开放积极参与经济全球化进程，在经过一个很长的发展阶段后，取得了令世界瞩目的成绩。前苏东国家虽然发生了剧变，但人们经过锻炼和考验终将遵循人类历史发展的规律走上历史的必由之路；欧美发达资本主义国家在主导全球化的进程中已经积累了越来越多的社会主义因素或"准社会主义"因素，虽然仍处在量变的阶段，但终将发生质的变革；虽然发展中国家目前的主要任务是发展生产，改善人民生活，但形形色色的社会主义思潮的出现，恰恰印证了社会主义的价值和意义。

社会主义在20世纪的发展历程既向世界展示了社会主义对人类的价值，又彰显出社会主义价值的美好前景。它在很大程度上遏制了帝国主义在全世界的扩张，改变了世界的政治格局，出现了社会主义同资本主义并存、共处、竞争和斗争的复杂局面；它消灭了剥削和压迫，实现了真正的平等和民主，改变了工人阶级和劳动人民的历史地位，用事实证明了社会主义制度优于资本主义制度；它导致了殖民体系的瓦解，使绝大多数殖民地国家取得了国家独立、人民解放的胜利；它为人类社会开辟了崭新的发展道路，展示了美好的前景。无论是社会主义的成功、辉煌，还是暂时的挫折，甚至某些方面、某些程度的失败，都是人类社会的伟大探索和宝贵遗产，人类必将继承这份遗产并继续进行探索和奋斗而最终实现共产主义。正如江泽民所指出的："历史经验反复证明，低潮孕育着高潮。从国际共产主义运动的发展来看，低潮，将预示着马克思主义的新发展，预示着社会主义事业的新胜利。"我们应该以历史的、发展的眼光观察社会主义运动的低潮与高潮。在国际共产主义运动史上，曾经出现过多次低潮与高潮的交替。共产主义运动曾经遭遇过共产主义者同盟的失败带来的低潮，曾经遭遇过第一国际、第二国际破产带来的低潮，曾经遭遇过20世纪50年代由于赫鲁晓夫大反斯大林而带来的低潮，但是社会主义运动并没有就此停步，社会进步并没有因此而改变方向。

苏联解体和东欧发生剧变的原因是多方面的，但从深层次看，淡化时代精神和民族精神的塑造，忽视意识形态建设和价值观建设，一味强调硬实力建设而忽视文化层面的软实力建设，没有建立起与社会实际需要相适应的、内化到人们思想深处的意识形态、政治文化、道德思想和价值观念，而一味宣扬一些空洞抽象甚至虚幻的东西，无疑是一个重要原因。

然而，西方资产阶级却把苏东剧变所标志的那些国家共产党领导推行的错误路线的破产说成是社会主义的最终失败。布热津斯基在1989年的《大失败：20世纪共产主义的兴亡》中宣称，共产主义气数已尽，世界正在进入历史上共产主义之后的阶段。他在1993年的《失去控制：21世纪前夕的全球混乱》中，又惊呼今天的世界更像是一架用自动驾驶仪操纵的飞机，速度连续不断加快，但没有明确的目的地，完全可能发生剧变而失去控制，引起大规模的政治动荡和哲学上的混乱。弗朗西斯·福山在《历史的终结和最后的人》一书中认为，苏东剧变标志着资本主义和民主已经战胜了法西斯主义和共产主义，目前将进而建立一个公正和持久的和平，一个由资本主义一统天下的新的世界秩序。上述主张无不具有鲜明的西方主流意识形态性质。

其实，西方各种政治力量、思潮和流派对社会主义本质内涵与前途命运的辩论和预测，本身就说明社会主义远不像西方资产阶级所说的那样已经"溃败"、已经"终结"、"将成为20世纪的遗产"。面对资本主义无法解决的矛盾和困境，人们开始重新反思社会主义的价值，例如，1996年4月12日至14日，在美国纽约召开了1500多位学者参加的"社会主义学者研讨会"；1998年5月13日至16日，在法国巴黎召开了来自60多个国家和地区的近1500名学者参加的"纪念《共产党宣言》发表150周年国际大会"；2000年3月31日至4月2日，在美国纽约召开了第18届世界社会主义学者大会；2001年4月13日至15日，由美国左派人士发起的第19届世界社会主义学者大会在美国纽约召开，世界各地2000余名学者出席大会；2004年3月12日至14日，来自20多个国家的2000多名学者出席了在美国纽约召开的第22届世界社会主义学者大会……在欧美国家召开的系列有关社会主义的国际会议，规模之大、层次之高、论域之广、影响之深可谓"空前"，但不会"绝后"。纵观这些会议的召开及其讨论的主题，说明社会主义仍然具有强大生命力和当代适用性，凸显出社会主义价值的不可或缺和光明前景。

在后金融危机时代,"历史终结论"的始创者弗朗西斯·福山也不得不慨叹"历史似乎没有终结",历史并没有止步于西式"自由民主"。日本政论杂志《中央公论》2009年9月号以《日本要直面中国世纪》为题,刊登了福山接受该刊专访的文章。福山认为:"客观事实证明,西方自由民主可能并非人类历史进化的终点。随着中国的崛起,所谓'历史终结论'有待进一步推敲和完善。"2008年10月17日,法国《世界报》发表法国著名理论家阿兰·巴迪乌反思金融危机的文章。他认为,世界金融危机使广大民众认识到,人类解放的主题从来没有失去它的效应,而共产主义恰恰体现了人类解放的主题即人的自由而全面的发展。"毫无疑问,'共产主义'一词正体现了这一主题,但却被贬低和侮辱了。但是现在,'共产主义'一词的消失只是便宜了既有秩序的支持者,也就是当前危机大片中的演员们。我们要重新提倡共产主义,并使它更为明晰……共产主义用最激进的方式打破了传统观念,提出了社会中每个人的自由发展是所有人自由发展的条件。"2009年4月15日,美国《华盛顿邮报》发表哈罗德·迈耶森的《社会主义开始受美国年轻人青睐》的文章指出，美国拉斯穆森民意调查机构上周公布的民调结果显示，30岁以下的美国人中，37%更喜欢资本主义，33%更喜欢社会主义，30%未作选择。在所有美国人中，53%更喜欢资本主义，20%更喜欢社会主义，27%未作选择。很显然，经历了这次危机，人们对于社会主义的科学性与价值合理性有了一定的清晰认识。

邓小平早就指出，"一些国家出现严重曲折，社会主义好像被削弱了，但人民经受锻炼，从中吸取教训，将促使社会主义向着更加健康的方向发展。""不坚持社会主义，不改革开放，不发展经济，不改善人民生活，只能是死路一条。""我们的改革……如果成功了，可以对世界上的社会主义事业和不发达国家的发展提供某些经验"，如果到21世纪中叶实现了我们的第三步发展目标，就"不但是给占世界总人口四分之三的第三世界走出了一条路，更重要的是向人类表明，社会主义是必由之路，社会主义优于资本主义"。21世纪，社会主义无疑会进行新的开拓，经过全世界工人阶级及其政党的共同奋斗，必将迎来社会主义新的伟大复兴。

三、新时期中国经济社会发展处于关键期的国情

新世纪新阶段，我国经济建设、政治建设、文化建设、社会建设以及生态文明建设全面推进，工业化、信息化、城镇化、市场化、国际化深入发展，处于改革的攻坚期、发展的关键期和矛盾的凸显期。但总的来看，"我国仍处于并将长期处于社会主义初级阶段的基本国情没有变，人民日益增长的物质文化需要同落后的社会生产之间的矛盾这一社会主要矛盾没有变，同时我国发展呈现一系列新的阶段性特征，出现一系列新情况新问题"。

从社会经济成分来看，彻底打破了单一的公有制格局，形成了公有制为主体、多种所有制共同发展的局面。至2008年年底，我国有私营企业650多万户、外商投资企业43万多户、个体工商户超过2900万户。从组织形式来看，出现了各式各样新的社会组织和经济组织，如各种行业协会、个体劳动者协会、消费者协会、商会以及大量的

学会、联合会、研究会等。社会组织从1988年到2008年共增长87倍多，目前已超过38万个。从就业方式来看，传统的"铁饭碗"、"统包统配"的做法已经改变，形成了劳动部门介绍就业、劳动者自主择业和自己创业相结合、相补充的新方式。目前，我国农民工人数达到2.25亿人，个体私营经济就业人数达到1.37亿人，约占全国就业人数的18%。从利益关系和分配方式来看，平均主义、"大锅饭"式的分配制度基本被打破，按劳分配为主体、多种分配方式并存的格局不断发展，劳动、资本、技术和管理等要素参与分配的新制度已经形成。

随着经济体制的变革、社会结构的变动、利益格局的调整，人们的思想观念、价值取向、价值追求也发生了复杂而深刻的变化，由单一化转向多样化、由平面化转向立体化、由一维化转向多维化，呈现出多元、多样、多变的特征。与此同时，社会思想领域正确的与错误的、先进的与落后的、传统的与现代的思想观念相互交集，杂音噪音时有出现。我国意识形态领域表现出复杂性和多样性，除居于主导地位的马克思主义意识形态之外，还存在着形形色色的意识形态，尤其是消极落后的思想意识普遍存在。例如，由于中国封建社会的长期延续，几千年积淀而成的落后封建意识在社会的各阶层都有残存。正如邓小平所说："我们进行了28年的新民主主义革命，推翻封建主义的反动统治和封建土地所有制，是成功的、彻底的。但是，肃清思想政治方面的封建主义残余影响这个任务，因为我们对它的重要性估计不足，以后很快转入社会主义革命，所以没有能够完成。"这就导致了人们头脑中封建主义意识遗留下来。这些封建主义意识表现为官僚主义、官本位意识、宗法等级观念以及迷信思想。由于观念的积淀性，在短期内从根本上清除封建主义思想是难以实现的。改革开放过程中，资产阶级的价值观念在中国社会的各个阶层和社会生活的方方面面也都有渗透。同时随着市场经济的不断发展，过分的利益观念和意识也容易导致某些人见利忘义，甚至不择手段、唯利是图。"市场经济条件下，经济伦理所强调的公平竞争、效率优先、趋利倾向与社会伦理强调奉献精神、利他主义、大公无私发生了一定的冲突，马克思主义意识形态的'理想信念'教育、集体主义教育等社会引导和整合等意识形态功能在市场经济以及自由观念等侵蚀和消解下不断弱化。"市场经济的趋利性使得人们产生功利主义和实用主义心理，从而淡化、漠视理想信仰，认为马克思主义所提倡的道德观念不适应社会现实，忌言先进，躲避崇高。一些人厌倦政治、厌倦理论，产生消极颓废的情绪，马克思主义在一定程度上受到排挤和被边缘化。另一方面，社会转型时期，利益主体的多元化发展催生了多样化的观念和价值需求。作为一元化的指导思想，马克思主义难以完全满足和统一大众的精神需求。人们可以在多元文化中自主选择，拥有独立的价值判断。一些人的主导信仰发生程度不同的质变和量变，对马克思主义的信仰有所削弱，是非荣辱不分。如不以荣为荣：热爱祖国被视为"假做作"，崇尚读书被视为"书呆子"，靠体力吃饭被视为"没本事"，帮助他人被视为"冒傻气"，遵纪守法被视为"不开窍"，诚实守信被视为"老古板"，艰苦奋斗被视为"老保守"。再如，不以耻为耻：笑贫不笑娼，寻花问柳包二奶；奢侈挥霍得意洋洋；抄袭剽窃贪图名利；欺诈勒索与民争利；见利忘义与黑勾结。再如，以耻为荣：危害祖国成了"斗士"，背离人民成了"本事"，不学无术成了"时尚"，好逸恶劳成了"潇洒"，损人利己成了"能耐"，违法乱纪成了"勇敢"，骄奢淫逸成了"荣耀"。这种荣辱观不仅在某些群体身上存在，还蔓延到一些行业，在社会上也存在着增强的势头。如果不能制止，不能以正确的荣辱观来占据人们的道德空间，我们的现代化建设将很不健全，社会发展也将跛足，软实力将大打折扣，国际形象将极受影响，最终我们的国际地位和改革开放所取得的成果将被慢慢解构消解，每个人都将成为受害者。

在当前经济体制深刻变革、社会结构深刻变动、利益格局深刻调整、思想观念深刻变化的背景下，提出培育社会主义核心价值体系的战略任务具有极强的现实针对性。封建地主阶级价值观、资产阶级价值观、极"左"年代所形成的价值观、社会主义市场经济价值观等不同价值体系，采取各种方式、通过不同途径影响人们的价值活动，加剧了价值观念变革的复杂性。国内社会意识和价值观念日益多元多变，迫切要求加强社会主义核心价值体系的培育。鲜明地亮出社会主义核心价值体系这面旗帜就是要昭示人们，不论社会思想观念如何多样多变、人们价值取向发生怎样变化，我国社会主义核心价值体系不能动摇，全党全国人民团结奋斗的共同思想基础不能动摇。因而，形成全国各族人民团结奋斗的共同思想基础，培育社会主义核心价值体系，就成为当前十分紧迫的现实课题。我们相信，随着社会的日益进步，改革开放事业的逐步深入，价值世界会日渐呈现出兼收并蓄、色彩斑斓的特点，而各种腐朽没落的价值观念将在激烈交锋中被淘汰，科学健康合理的价值观念将在斗争中成长成熟。

邓小平指出："我们搞社会主义才几十年，还处在初级阶段。巩固和发展社会主义制度，还需要一个很长的历史阶段，需要我们几代人、十几代人，甚至几十代人坚持不懈地努力奋斗，决不能掉以轻心。"中国社会主义初级阶段的具体国情决定了我们必须坚持走中国特色社会主义道路，而不能走其他什么别的道路；必须坚持马克思主义的指导，而不能搞指导思想的多元化；必须坚持公有制为主体，坚持市场经济的社会主义方向，而不能信奉市场原教旨主义，进行纯粹市场化的改革；必须坚持改革开放，而不能走封闭、僵化、保守的老路；必须坚持共产党的领导，实行共产党领导的政治协商制度，而不能照搬西方资本主义性质的多党制、竞争制和资本主义宪政；必须走中国特色的"创新型"现代化发展道路，而不能走西方"扭曲型"的现代化道路。社会主义核心价值体系的培育必须从社会主义初级阶段的现实国情出发，这既体现了我们党高度的理论自觉，也是对历史经验的科学总结。

四、新形势下巩固党执政地位必然要求的党情

20世纪90年代以来，我国社会主义建设的国内外境遇以及中国共产党所处的时代环境、历史任务和党自身状况，都发生了新的变化。党的十六大提出，"我们党历经革命、建设和改革，已经从领导人民为夺取全国政权而奋斗的党，成为领导人民掌握全国政权并长期执政的党；已经从受到外部封锁和实行计划经济条件下领导国家建设的党，成为对外开放和发展社会主义市场经济条件下领导国

家建设的党"。这是中国共产党对自身历史变化的理论总结，对所处的地位和环境、肩负的历史任务以及自身状况所发生的变化的自觉把握。历史方位的变化，使我们党面临两大新的历史课题：一是要提高党的领导水平和执政水平，二是要提高拒腐防变和抵御风险的能力。新的历史课题向我们党提出了在长期执政的条件下，能否跳出历史周期率的考验；改革开放与发展社会主义市场经济中"变革不变质"、"改革不改向"的考验；发达国家经济科技占优势和强权政治的考验；西方敌对势力"西化"、"分化"的考验。胡锦涛在庆祝中国共产党成立90周年大会上的讲话中，清醒地分析了中国共产党所面对的四大挑战和四大危险，即"执政考验、改革开放考验、市场经济考验、外部环境考验"和"精神懈怠的危险，能力不足的危险，脱离群众的危险，消极腐败的危险"。只有经得起历史的考验，我们党才能顺利实现推进现代化建设、完成祖国统一大业、维护世界和平与促进共同发展三大历史任务。

科学认识和把握党所处的历史方位，是一个关系到党的事业顺利发展的大问题，是保证党的理论、路线、方针、政策和全部工作既不割断历史又不迷失方向，既不落后于时代又不超越阶段的一大关键。中国共产党成立90多年、执政60多年、领导改革开放30多年来，始终以实现中华民族伟大复兴为己任，坚持把马克思主义基本原理同中国具体实际相结合，团结带领全国各族人民不懈奋斗，战胜各种艰难险阻，不断取得革命、建设、改革的伟大胜利。历史地看，中国共产党的一切重大胜利和发展都离不开正确认识和把握历史方位；而一切重大迷误和曲折也都同在历史方位问题上的偏差和错误密切相关。历史方位的变化既给党进一步巩固执政地位、密切党与人民群众的联系创造了有利条件，也使党的领导方式和执政方式面临新的挑战和考验。全方位的改革开放不仅在改变着中国的经济社会发展状况，同时也在极大地推动着中国共产党的党员和干部队伍的重大变化。党员的总数成倍增长，新党员的数量大幅增加，党员的学历、素质、能力结构也较改革开放前发生了根本变化，一大批年轻干部走上了领导岗位。党的阶级基础不断增强，党的群众基础不断扩大，社会影响力与日俱增。过去，工人、农民、知识分子、干部和军人是最基本的社会阶层。随着社会主义市场经济体制的建立，出现了民营科技企业的创业人员和技术人员、受聘于外资企业的管理技术人员、个体户、私营业主、中介组织的从业人员、自由职业人员等新的社会阶层。随着我国经济社会的发展，这些阶层还会进一步扩大和增加，这种变化还会继续下去。党员、党的阶级基础和群众基础的新变化，要求我们党必须不断解放思想、实事求是，以改革创新的精神研究和解决党的建设面临的重大理论和现实问题，正确看待新的社会阶层，既要坚持党的工人阶级先锋队的性质，始终保持党的先进性，同时又要根据经济发展和社会进步的实际，不断增强党的阶级基础和扩大党的群众基础，不断提高党的社会影响力。

当前，党的领导水平和执政水平、党的建设状况、党员队伍素质总体上同党肩负的历史使命是适应的。同时，党内也存在不少不适应新形势新任务要求、不符合党的性质和宗旨的问题，主要表现在："一些党员、干部忽视理论学习、学用脱节，理想信念动摇，对马克思主义信仰不坚定，对中国特色社会主义缺乏信心；一些党组织贯彻民主集中制不力，有的对中央决策部署执行不认真，有的对党员民主权利保障落实不到位，一些党员干部法治意识、纪律观念淡薄；一些领导班子整体作用发挥不够，推动科学发展、处理复杂问题能力不够，一些地方和部门选人用人公信度不高，跑官要官、买官卖官等问题屡禁不止；一些基层党组织战斗堡垒作用不强，有的软弱涣散，有的领域党组织覆盖面不广，部分党员党员意识淡化、先锋模范作用不明显；有些领导干部宗旨意识淡薄，脱离群众、脱离实际，不讲原则、不负责任，言行不一、弄虚作假，铺张浪费、奢靡享乐，个人主义突出，形式主义、官僚主义严重；一些领导干部特别是高级干部中发生的腐败案件影响恶劣，一些领域腐败现象易发多发。"这些问题严重削弱了党的创造力、凝聚力、战斗力，严重损害了党同人民群众的血肉联系，严重影响了党的执政地位的巩固和执政使命的实现。正如列宁所说："党在理论上的任何错误和策略上的任何偏差，都要受到实际生活本身的最无情的批评。"有学者指出，当前中国社会出现的主流价值危机在一定程度上是因为执政党"不大注意它在价值的'实践空间'中的切实意义，即它与人们现实利益、思想感情和行为方式的实际联系"。比如，代表广大人民群众的利益是社会主义意识形态区别于以往历史上任何统治阶级意识形态的根本性标志之一，但在社会实际生活中，暴力性征地拆迁、食品药品安全问题日益严重、环境恶化、对安全生产保障无能为力、垄断国有企业与民夺利、教育医疗改革损害群众利益等与人民日常生活休戚相关的现象时常发生，党内屡禁不止的腐败问题严重背离了全心全意为人民服务的宗旨。

世情、社情、国情、党情的深刻变化给党的发展带来了新的活力，同时也提出了新的要求和挑战。党面临的执政考验、改革开放考验、市场经济考验、外部环境考验是长期的、复杂的、严峻的。办好中国的事情，关键在党，根本在党。邓小平特别指出："列宁说，'无产阶级专政是对旧社会的势力和传统进行的顽强斗争，流血的和不流血的，暴力的和和平的，军事的和经济的，教育的和行政的斗争……没有铁一般的和在斗争中锻炼出来的党，没有为本阶级全体忠实的人所信赖的党,没有善于考察群众情绪和影响群众情绪的党,要顺利地进行这种斗争是不可能的。'列宁所说的这个真理,现在仍然有效。"我们党要带领全国各族人民继续推进党的建设新的伟大工程,确保党在世界形势深刻变化的历史进程中始终走在时代前列,在应对国内外各种风险和考验的历史进程中始终成为全国人民的主心骨,在发展中国特色社会主义的历史进程中始终成为坚强的领导核心,就必须大力倡导和践行社会主义核心价值观,就必须把社会主义核心价值观融入到国民教育、精神文明建设和党的建设全过程。

第二节 社会主义核心价值观与西方宣传的"普世价值"观的根本区别

随着我国改革开放事业的不断推进,以自由、平等、民主、法制、人权、博爱为代表的西方所谓"普世价值"观也进入到国内,在西方媒体的大肆鼓噪之下,其影响有日渐扩大之势。那么西方的所谓"普世价值"观与党的十八大确立的社会主义核心价值观有什么不同？这里有必要将二者进行一番细致的比较和厘清。

一、社会主义核心价值观与"普世价值"观内涵性质不同

核心价值观的"核心"主要有两层意思：一是核心价值观主要是在多元价值观并存的情况下，与其他价值观相互依存、互相联系，主导、引领其他价值观且处于核心地位的一种价值观，但这种主导性并不否定价值观的差异性和多样性；二是，核心价值观是一种对各种不同甚至相互矛盾、冲突的基本价值观进行整合甚至融合的价值观。社会主义核心价值观具有历史性、具体性及现实性：首先，其历史性表现在，它不仅是中华民族五千年的文化历史浓缩的智慧结晶和思想宝库，而且是中华民族在漫长演进的历史进程和经济发展过程中所创造的辉煌文明的缩影。其次，其内容具有具体性，主要表现在它的意识形态性、制度性、社会性、民族性以及文化习俗、精神实质、价值判断标准的具体性。最后，其具有现实性，主要是指它旨在

解决中国社会转型过程中出现的文化价值观缺乏认同、道德迷失与滑坡、思想价值观失衡以及理想失落等问题。

与社会主义核心价值观不同，"普世价值"观的内容具有抽象性、虚幻性甚至殖民性、侵略性，而"普世价值"更是一个抽象虚幻、虚假的概念。普世价值一般涵盖两层涵义：一是"普世价值"是具有普遍适用性的价值，即其适用于任何国家、社会、族群、组织中的成员，是所有人都应该遵守的价值，而非仅仅局限于某个人、某些人；二是"普世价值"是具有普遍永恒性的价值，即其适合于任何时间、地点，且不以人的意志为转移，更不受国家、社会、民族经济发展和社会进步的条件所限制。显然，能满足以上两个条件的"普世价值"在现实中根本就不存在，这是因为：一是价值自始至终皆呈现出具体性，不同的人具有不同的价值观，即便同一个人对不同的事物也具有不同的观点和认识；二是价值自始至终都表现出非常强的历史性和动态性。随着历史的发展和时间的推移，人们对事物的认识会逐渐发生变化，甚至有时会发生根本性的变化。以美国为首的西方发达资本主义国家所宣传的民主、自由、平等、博爱、法制、人权等所谓的"普世价值",已经被西方资产阶级及其"代言人"扭曲和篡改,在外延和内涵上逐渐发生变化,变得抽象和虚幻,以作为"强权文化"、"侵略文化"、"殖民文化"以及侵蚀、蚕食广大发展中国家甚至中小发达国家文化的思想工具,从而分化、裂化、殖民化这些国家的民族特性和民族个性,并最终达到同化、统化、通化这些国家的民族文化、民族思想、民族理念的目的。

二、社会主义核心价值观与"普世价值"观的阶级性不同

社会主义核心价值观与"普世价值"观是两种不同体系的价值观,前者属于社会主义核心价值体系,后者属于资本主义核心价值体系。一般而言,价值体系尤其是核心价值体系具有非常鲜明的阶级性和具体明确的价值指向,任何统治阶级为维护本阶级的利益、维持本社会的稳定与发展,都需利用其统治地位大力倡导和宣扬代表本阶级根本利益的价值体系和价值观。社会主义核心价值观的一个

首要前提便是"社会主义"的价值观。因此"社会主义"四个字放在核心价值观前面并非多余,恰恰相反,而是"画龙点睛"。自从社会主义理论诞生起,社会主义价值体系的目标就是为无产阶级服务、为最广大的劳动人民群众服务,就是要通过解放生产力、发展生产力来消除阶级、消灭剥削以及两极分化现象,进而实现共同富裕的经济发展目标和人的自由全面发展的共产主义理想,而这正是以资产私有制、资本主义市场经济体制为基础的资本主义价值体系所极力反对的,故两者在原则立场方面是截然对立的。

"普世价值"观的颂扬者反对马克思主义的阶级观点和阶级分析,企图用抽象的"共同人性"和"人类本性"作为价值判断的准绳,把否定阶级分析的所谓"放弃意识形态"和"抛弃意识形态"的"自由"、"民主"、"人权"等奉作"普世价值"。实际上,"普世价值"具有非常强的意识形态性和阶级性,这便是"全心全意"地服务于资本主义国家和资产阶级的利益:以美国为首的西方发达国家首先从人类共同追求的文明习俗、价值观念、精神信仰以及理想道德上抽象地鼓吹自由、民主、人权等，然后对其进行符合自身"文化传统"、"价值色彩"以及"道德韵味"的因地制宜、因时制宜的解释，把以美国为首的西方发达资本主义国家的文化传统、价值信仰、精神憧憬以及经济政治模式"转换"成为人类共同的理性追求和价值向往，利用其经济、文化影响力和辐射力，吸引其他国家和人民"效仿"甚至"复制"，进而使之积极、主动、自觉地成为西方的"信仰者"、"依附者"以及"跟随者"。其这样做的最终目的便是：用"美式"、"西式"、"欧式"等民主模式冒充"普世民主"、用人权"高于一切"的精神理念和价值信仰"打压"国权，以追求资本主义国家和资产阶级在全世界的霸权和利益。

三、社会主义核心价值观与"普世价值"观宣扬价值内容的不同

社会主义核心价值观是宣扬"社会本位"的爱国主义、集体主义价值观。所谓"社会本位"是指以国家、社会、集体的价值满足为衡量价值和判断道德的准绳。社会

主义核心价值观隐含社会主义（共产主义）、集体主义及爱国主义思想，其认为个人价值的满足必须以社会的富强、民主、文明、和谐的发展为前提和基础。这要求任何公民均要以国家、民族、集体利益为重，而国家、民族、社会的发展归根结底便是为了个人的发展和幸福，因为个人，无论能力多强，总要以国家、民族、社会作为生存、生活及发展的空间，若国家落后、民族贫弱及社会发展停滞不前，那么个人的利益也将无法保证。国家主义和集体主义是社会主义本质中"共同富裕"的典型体现和基本特征，正是国家主义和集体主义的热切召唤和深情激励，才促使无数仁人志士、炎黄子孙不畏牺牲，排除重重万难，为争取中华民族的独立和解放而奋斗终身，才促使最广大的人民群众紧密团结在党的周围，互帮互助、团结协作、攻克艰难，不断地创造奇迹，为建设有中国特色的社会主义现代化和共产主义的目标而奋斗。爱国主义、集体主义是社会主义核心价值观的重要内涵，是民族精神的核心基石，是中华民族历经五千年沧桑岁月而不倒的精神基石。建设社会主义必须发扬爱国主义和集体主义，增强民族自信心、自尊心、自豪感。

"普世价值"观是以美国为代表的西方发达国家的资本主义的价值观，宣扬"个人本位"的个人主义价值观，体现极端个人主义、专制主义、利己主义、拜金主义的思想。所谓"个人本位"是指以个人的价值满足为衡量价值和判断道德的准绳。西方极端个人主义大肆鼓吹所谓的"个人权利"，进而以此为基础限制公共权利和集体价值，攻击、贬低甚至否定集体主义，把个人与群体、社会孤立甚至对立起来，认为个人不仅在时间上先于社会而存在，而且在价值上也高于社会的价值，将更高的价值归于个人而非社会、集体、组织以及团体；认为所有价值皆围绕个人而运作，且必须通过"个体"来获得展现。"个体"便是"目的"，在经济社会生活中具有最崇高的价值，而社会、国家、集体及其他"个体"仅是达到目的的手段，是典型的、不折不扣的"附属物"和"衬托品"，国家、集体、社会利益是不可靠的、虚无缥缈的，仅为建构共同体的若干成员的利益的总和。

"普世价值"观的本质是推行以美国为首的西方发达

资本主义国家的政治制度、民主体制以及文化、道德观念和精神信仰，诋毁、否认民主的具体性和多样性，企图用"美式"、"欧式"、"西式"民主改造世界和驾驭全球。西方以私有制和自由制为根基的市场经济必然形成拜金主义的价值理念和利己主义的精神信仰，拜金主义在现实生活中视金钱价值为最高价值，认为一切价值皆应服从于金钱价值，金钱和财富决定个人获得自由程度、民主水平以及文明程度，甚至决定个人的经济、社会、政治地位。

第三节　确立社会主义核心价值观的重大意义

价值观是指一个人对周围的客观事物（包括人、事、物）的意义、重要性的总评价和总看法。一方面表现为价值取向、价值追求，凝结为一定的价值目标；另一方面表现为价值尺度和准则，成为人们判断价值事物有无价值及价值大小的评价标准。个人的价值观一旦确立，便具有相对稳定性。

核心价值观是一定社会形态社会性质的集中体现，在社会思想观念体系中处主导地位，决定着社会制度、社会运行的基本原则，制约着社会发展的基本方向。核心价值观蕴含着人们对世界、人生、社会等一系列重大问题的价值共识，深刻影响着每个社会成员的思想观念、思维方式、行为规范，是人们思想上的精神旗帜。历史和现实一再表明，只有建立共同的价值目标，一个国家和民族才会有赖以维系的精神纽带，才会有统一的意志和行动，甚至越是在危急困难的时刻，越能产生强大的凝聚力、向心力。

党的十八大报告明确提出："倡导富强、民主、文明、和谐，倡导自由、平等、公正、法治，倡导爱国、敬业、诚信、友善，积极培育和践行社会主义核心价值观。"这一方面为积极培育和践行社会主义核心价值观提供了基本范畴，另一方面也进一步明确了提炼、概括社会主义核心价值观的基本原则，具有重大的理论意义和深远的现实意义。

一、倡导和践行社会主义核心价值观，是当代中国进一步改革开放实现"中国梦"的必然要求

习近平总书记2012年11月29日参观《复兴之路》展览发表的重要讲话，首次提出了"中国梦"的宏伟奋斗目标。这是全面建成小康社会、实现中华民族伟大复兴的庄严承诺。党的十八大报告明确提出"三个倡导"、积极培育和践行社会主义核心价值观的战略任务，这是对社会主义核心价值体系四个方面内容的科学提炼，是社会主义先进文化的精髓，为实现"中国梦"提供了强大精神动力支持。

"富强、民主、文明、和谐"反映了"中国梦"的实现道路：中国特色社会主义，"中国梦"体现了这条道路的理想目标。

习近平总书记指出，实现中华民族伟大复兴，就是中华民族近代以来最伟大的梦想。这个梦想有着深刻而丰富的内涵，就是国家强盛、人民幸福，中华民族自立于世界

民族之林并为人类作出更大贡献。党的十八大报告用"三个倡导",从三个层面凝练社会主义核心价值观,实现了社会主义核心价值体系的高度概括和理性升华。第一个倡导是在国家层面用"富强、民主、文明、和谐"来界定。这八个字体现了社会主义核心价值体系中的中国特色社会主义的共同理想,以及实现这一共同理想的中国特色社会主义道路。"富强、民主、文明、和谐"八个字凝结了中华民族一百多年的苦苦追求和艰苦奋斗,概括了中华民族一百多年流血牺牲要达到的社会目标,其自然成为我们国家层面的价值观和价值选择。这内在体现了"三个倡导"与"中国梦"内涵的高度统一性。

"中国梦"在此时的明确提出,已有了更为丰富的时代内涵。鸦片战争以来的一百七十多年历史告诉国人,实现中国梦一定要走有中国特色的自己的发展道路。西方国家的资本主义道路不能走,僵化教条的老路走不通。经过几代中国共产党人艰苦卓绝的创新,已找到了实现"中国梦"的科学道路、必然道路、现实道路:即中国特色社会主义。"富强、民主、文明、和谐"既是从经济上的国力强盛、政治上的高度民主、文化上的高度文明及社会上的高度和谐的四维视角,来浓缩和概括中国特色社会主义及实现的道路,又用来提炼共同的理想、共同的价值追求和达到民族复兴的宏伟目标。这八个字的界定既达到与"中国梦"核心内涵的一致性,又起到了凝聚全国各族人民,在中国共产党领导下走中国特色社会主义道路的精神共识,成为实现"中国梦"的价值共识、兴国之魂和强大精神支柱。

"自由、平等、公正、法治"反映了"中国梦"的社会属性:社会主义性质,"中国梦"体现了这一属性的价值追求。

习近平总书记所提出的"中国梦"有着鲜明的社会制度质的规定性,即"中国梦"是指在中国共产党领导下,走中国特色社会主义道路。如果离开这一点,则是"其他梦"。社会主义核心价值观必然有鲜明的社会属性,它首先是姓"社"的。社会主义社会作为人类社会一个现实的制度形态,与其他社会形态相比有着自身的本质属性,社会主义核心价值观必须是这种本质属性在价值层面的集中反映。

十八大报告用"自由、平等、公正、法治"八个字概括了社会层面的社会主义形态的本质属性，体现了社会主义制度性质、社会形态的价值导向、价值诉求，反映了社会主义制度在核心价值观层面与资本主义制度的本质区别，由此体现了与"中国梦"的社会制度形态目标的一致性、统一性。

"自由、平等、公正、法治"准确反映了中国特色社会主义的"社会性质"，既不同于资本主义性质的社会，也不同于以往僵化的计划经济的社会主义模式。这八个字既肯定了市场经济与社会主义在制度形态上的融合，同时也强调没有市场经济就不会有自由、平等及公正、法治的价值共识和价值实现。尽管资产阶级也把自由平等作为其核心价值观，但不是根源于生产资料公有制，其自由、平等、公正、法治体现的是其资产阶级利益。我们党是在公有制与市场经济结合的基础上把自由、平等、公正、法治凝练为核心价值追求，这样既体现了党对人类文明优秀精神成果的继承和发扬，又反映了党对人类价值理念的超越和创新，显示了社会主义核心价值观的实践性、包容性、认同性和社会性。实践性是社会主义核心价值观的生成与发展基础；包容性是社会主义核心价值观的渊源和构成要素；认同性是社会主义核心价值观主体选择和群众依据；社会性是社会主义核心价值观社会属性和现实呼唤。所以说，社会主义核心价值观的概括提炼和形成，正是基于党和人民为实现"中国梦"和正在做的事情为依据，反映了人民群众的根本利益诉求和价值追求，证明了这种提炼和概括的真理性和广泛性，这八个字又以价值观的认同性和引导性来助推"中国梦"的实现。

"爱国、敬业、诚信、友善"反映了"中国梦"的实现主体：公民的德性和品格，"中国梦"体现了实践主体的精神共识。

习近平总书记提出"中国梦"的同时，又多次强调"空谈误国、实干兴邦"，实则是为实现中国梦提供了精神动力和路径支持。倡导"爱国、敬业、诚信、友善"，这就是要求在社会主义制度下每个公民必须具备的核心道德价值，只有具备良好政治道德、职业道德和个人品性的公民，才能为推动中国梦的实现作出贡献。

价值观属于文化范畴。古人曰，人以德立、国以德兴。重德、尚德、倡德是我们中华民族传统文化的精华。马克思主义认为"道德的基础是人类精神的自律"。爱国，自古到今，从外到中都是对公民的道德要求和核心价值观，爱国，自然是流淌在中国人全身的血液里，在当今时代和社会制度下必须延续和弘扬。敬业，这是对国人职业道德的起码要求，也是对国人千年美德的时代弘扬。

从我国历史文化传统的延续过程看，诚信与友善，既是中国传统美德中，特别是个人德性和品格中的精粹和传颂久远的规范，更是在当今市场经济条件下对主体价值观念的呼唤，也是对当下社会阶层分化、利益多元、观念多样、思想多变现实的照应和应对。因此说，这八个字成为公民的基本道德规范的核心要求，体现了社会主义基本价值追求和公民个人道德行为的本质属性，它又贯穿于社会公德、职业道德、家庭美德、个人品德的各个方面，集成了中华民族和国外优秀文化传统美德，更集成了共产党人的党性原则和社会主义新时期道德精华，自然具有全面性、崇高性、广泛性和实践性。实现"中国梦"离不开广大人民主体的实干，"中国梦"变为现实需要靠实干而成。这要求每一个公民遵循这八个字要求，在实干中把"中国梦"变为现实。

总之，"三个倡导"所蕴含的价值理念是相互联系、相互贯通、相互照应，缺一不可的，它兼顾了国家、社会、个人三个层面的价值导向和理想追求，做到了国家理想、社会导向和个人行为规范水乳交融的统一。社会主义核心价值观，既坚持了马克思主义的共性又体现了中国特色社会主义的个性，既涵盖了党的理想和国家社会发展目标，又规范了公民的价值追求和认知共识，既有深厚的中国传统文化精华又有对西方文明的科学借鉴。24个字的核心价值观已把我国社会主义文化软实力建设推向新阶段，达到新高度，为"中国梦"的梦想成真提供了强大精神动力。

二、倡导和践行社会主义核心价值观，是应对我国社会转型期主流价值观边缘化挑战的迫切需要

从目前国内形势来看，在我国由传统农业社会向现代工业社会、由计划经济向社会主义市场经济转型过程中，

出现了价值观多元并存、碰撞乃至冲突的局面。正如有学者所言：中国现代化的进程处在一个巨大的历史错位中。在当代中国，前现代的即传统的价值体系、现代性的价值体系和后现代主义的价值体系仍然纷然杂陈。价值领域的多样、多元、多变、交流、交融、交锋，使得用社会主义核心价值体系引领社会思潮比在任何时候都显得必要和紧迫。《人民论坛》在2009年12月发表《未来10年10大挑战》的"人民论坛'千人问卷'调查报告"，通过对8128名网民的网上问卷调查，把"主流价值观边缘化"列为未来10年10大最严峻的挑战问题之一。社会主义核心价值观或主流价值观在思想上的"边缘化"必然意味着社会主义核心价值体系的边缘化，而社会主义核心价值体系的边缘化足以使国家政权颠覆。这绝不是危言耸听。现代西方国家对此有着十分清晰的认识，认为："一个社会不应局限于物质生产和经济交流。它不能脱离思想概念而存在。这些思想概念不是一种'奢侈'，对它可有可无，而是集体生活自身的条件。它可以帮助个体彼此照顾，具化共同目标，采取共同行动。没有价值体系，就没有可以再生的社会集体。"亦如马克思所说："如果从观念上来观察,那么一定的意识形式的解体足以使整个时代覆灭。"

三、倡导和践行社会主义核心价值观,是当代中国应对复杂的国际竞争和西方价值观渗透的必然选择

从意识形态领域的斗争来看,西方国家一刻也没停止过与社会主义争夺意识形态领导权的斗争。培育社会主义核心价值观,既是当代中国发展的历史方位和历史任务的必然要求,又是应对复杂的国际竞争的必然选择。在经济全球化、政治民主化、文化多元化、科技信息化的现代社会背景下,中国特色社会主义的意识形态安全和文化安全、社会主义核心价值观的培育问题越来越紧迫。西方发达资本主义国家施行和平演变政策,企图把我国引向"西化"、"分化"的歧路,干扰破坏我们的社会主义核心价值体系建设。我们要有效应对激烈的国际文化竞争,抵御西方意识形态渗透,维护国际文化安全,必须把培育社会主义核心价值观作为提高国际文化软实力的战略举措,更

好地凝魂聚气、强基固本。我们要想把中国的事情办好，构建社会主义和谐社会，实现中华民族的伟大复兴，必须在社会主义核心价值观建设上下功夫，不仅要全身心地实践它、弘扬它，还要自觉地运用执政权力保护它、培育它。对这个问题的科学认识和正确解答，关系到中国特色社会主义的前途，关系到中华民族的未来，也关系到人类的命运。江泽民曾经引用美国学者柏忠言《西方社会病》中的一句话："一个国家要强盛，必须在物质上、精神上都先进；一个国家在精神上挨饿，那么，迟早在物质上也要挨饿。"一个国家，没有先进的科学技术，一打就垮；没有民族精神和时代精神，不打就垮。经济建设搞不好，我们就要挨打；文化建设搞不好，我们就要挨骂。新中国成立六十多年、改革开放三十多年，我们已经解决了挨打的问题，但"挨骂"的问题日益凸显。新世纪，中国将以怎样的姿态和形象站在世界舞台上，不仅取决于我们强大的经济实力，更取决于强大的文化影响力，而这种文化影响力的核心就是价值观。因此，研究、宣传、培育社会主义核心价值观，增强党的思想理论工作的创造力、说服力和感召力，最大限度地形成社会思想共识，就成为我国理论工作者的重要任务。

四、倡导和践行社会主义核心价值观，是防止与遏制价值观"真空"所导致的精神疾患的内在需要

从目前国人的精神状态来看，受拜金主义、享乐主义、极端个人主义等不良价值观的影响，信仰迷失、价值错位、道德滑坡、诚信缺失、精神空虚问题严重，社会不良风气在一定范围内滋长蔓延。价值观的真空、颠倒、迷失状态，诱发了人们的种种焦虑、疑惑和忧患，让越来越多的人无所适从。寻问道德精神的归属，守望精神的家园，是现代人拷问生命意义时不得不面对的历史性和根本性课题。而作为意识形态的本质与核心，社会核心价值观规定着社会运行的规范与目标，潜移默化地支配着人们的发展方向与目标，也引导和控制着社会系统的发展方向和预定目标。没有核心价值观的控制和导向作用，个人的成长和社会的运行是不可想象的。没有了核心价值观的存在，人们就对虚无产生怀疑，生活也就在空幻中度过。可以说，表现于经济、政治、文化领域的各种社会病症，其病根无不源于社会核心价值观的缺陷。一个时代的核心价值观的缺陷，可能导致这个时代的人们的共同精神疾患。如果不能在病根上找出解决的办法，问题就无法根治。"普遍的混乱必然要引起道德的败坏更甚于智识的衰退……当你的一切积蓄明天就会一干二净的时候，勤勉就似乎是无用的了；当你对别人诚实而别人却必然要欺骗你的时候，诚实就似乎是无益的了；当没有一种原则是重要的或者能有稳固的胜利机会时，就不需要坚持一种原则了；当唯唯诺诺混日子才可以苟全性命与财产的时候，就没有要拥护真理的理由了。一个人的德行若是除了纯粹的现世计较而外便没有别的根源；那么如果他有勇气的话，他在这样一个世界里就会变成一个冒险家，如果他没有勇气的话，他就会只求做一个默默无闻的怯懦的混世虫。"罗素的这段论述精彩地刻画了社会变革时期伦理道德、价值观念出现"真空"所引发的社会乱象。防止与遏制这种"真空"现象的出现与蔓延，引导社会以最小的代价经过变革期最终实现社会的繁荣与进步，就是培育和践行社会主义核心价值观的重大意义所在。基于此，要构建社会主义和谐社会，构建和谐文化与和谐的人际关系，实现人的自由全面发展，就必须正视核心价值观的培育和践行，制定正确的应对措施。

五、倡导和践行社会主义核心价值观，是古今中外治国理政、安民固邦的基本经验

从社会发展与各国治国方略的层面来看，培育社会主义核心价值观，符合社会发展运动规律，是古今中外治国理政、安民固邦的经验教训给我们的深刻启示。任何一个社会都存在多种多样的价值观念和价值取向，要把全社会的意志和力量凝聚起来，必须有一套与经济基础和政治制度相适应、并能形成广泛社会共识的核心价值观。如果没有这个最核心的东西，就会失去社会前进的方向，失去共同的思想道德基础，导致人心涣散、社会混乱。正确的价值观有利于整个社会系统步调一致，错误的价值观则导致整个社会系统分崩离析。通过培育核心价值观，发展主流

意识形态，整合社会意识，是社会系统得以正常运转的基本途径。当今世界，许多国家对培育和践行本国的核心价值观高度重视。历史和现实表明，核心价值观是一个社会的方向盘，是一个国家的稳定器。能否培育起具有强大感召力的核心价值观，关系人心向背和国家长治久安。

然而，社会主义核心价值观是不会自发生成的，它需要一个积极培育、逐渐养成的过程。马克思曾经深刻指出："一步实际运动比一打纲领更重要。"社会主义核心价值观重在培育，这可以从两方面加以理解：一方面，社会主义核心价值观只有以培育为基础，才能不断总结人民群众在践行社会主义核心价值观的实践中创造的有效方法和新鲜经验。另一方面，社会主义核心价值观只有以培育为前提，才能贯穿于国民教育的全过程，渗透到精神文明建设的各方面，才能融进人们的日常工作和生活，才能真正使社会主义核心价值观深入人心，才能成为整个社会人人都奉行的准则。当前，我国正处于社会转型和文化日益多样化历史发展阶段，倡导和践行社会主义核心价值观必然面临方方面面的挑战。我们并不怀疑社会主义核心价值观的真理性和基石性，但要使之彻底成为整个社会的自觉追求和信仰，从而发挥其凝神聚气、强基固本的功能，还有很长的路要走，还有大量的工作要做。作为执政党，中国共产党要想始终代表广大人民的根本利益，推动社会进步，实现共产主义理想，就必须在倡导社会主义核心价值观上掌握领导权、主动权和话语权，培育一种与各种腐朽倒退的价值观相抗衡的价值观，使它强化起来，上升到社会生活的支配地位，从而保证社会的稳定发展。

实际上，党的十八大提出倡导和践行社会主义核心价值观是中国共产党对当前社会转型、社会发展、社会变革和社会生活等在意识形态层面上的反思。它可以使我们进一步认清社会总体价值目标，并以此审视我们正在从事的中国特色社会主义事业，对其作出科学而合理的价值论证；它促使人们对当今社会价值观念的变化表示深切关注，对社会生活和社会运行机制作出价值论证和价值预测，从而促进社会的良性运行；它有助于对群体与个体的价值心理、价值观念等价值意识进行测评、研究和调整。

第二章　社会主义核心价值观之富强、民主、文明、和谐

"富强、民主、文明、和谐",是我国社会主义现代化国家的建设目标,也是从价值目标层面对社会主义核心价值观基本理念的凝练,在社会主义核心价值观中居于最高层次,对其他层次的价值理念具有统领作用。

第一节　富强

富强即民富国强,意味着把发展社会生产力、增强国家综合国力和实现人民群众的生活富裕作为建设中国特色社会主义的终极目标。经济上富强,是社会主义存在和发展的物质基础,是解决我国改革开放进程中的各种困难和问题的物质保证,是战胜资本主义的物质前提。

一、富强，是中国人民梦寐以求的美好夙愿

一般意义上说，富强是全人类的共同追求。中国很早就有富民强国的思想，如《论语》的"足民"即富民主张，《管子》的"富民"治国之道。特别是近代以来，面对鸦片战争后积贫积弱的中国，从洋务派提出的"辅以诸国富强之术"，到维新派提出的"变法图强"，再到孙中山资产阶级革命派提出的实业救国，"振兴中华"，具有先进思想的中国人进行了各种富强之道的探索。但是，正如毛泽东同志所说，"在一个半殖民地的、半封建的、分裂的中国里，要想发展工业，建设国防，福利人民，求得国家的富强，多少年来多少人做过这种梦，但是一概幻灭了"。

中国共产党成立以后，勇敢地承担起实现民族独立和人民解放，实现国家繁荣富强和人民共同富裕的重大历史任务。建设"富强"的中国，被写进了不同时期的党的全国代表大会的报告或《党章》中，作为为之努力奋斗的目标。早在革命战争时期召开的党的七大，就在其政治报告

《论联合政府》中提出,"建立独立、自由、民主、统一和富强的新中国"。社会主义建设时期召开的党的八大通过的党章中提出,把中国建设成为一个"伟大的、富强的、先进的"社会主义国家。改革开放时期召开的党的十二大通过的党章中提出,促进社会主义祖国日益"繁荣富强";党的十三大、十四大、十五大、十六大的报告中提出,建设"富强民主文明"的社会主义现代化国家;党的十七大、十八大报告进一步提出,建设"富强民主文明和谐"的社会主义现代化国家。

经过九十多年艰苦奋斗,特别是经过三十多年的改革开放,我们党团结带领全国各族人民,终于把中国从一个贫穷落后的国家变成日益走向繁荣富强的国家,中华民族伟大复兴展现出光明前景。

二、社会主义富强观

党的十八大在概括中国特色社会主义道路内涵中提出,"建设富强民主文明和谐的社会主义现代化国家",同时,在阐述加强社会主义核心价值体系建设时提出,

"倡导富强、民主、文明、和谐，倡导自由、平等、公正、法治，倡导爱国、敬业、诚信、友善"，把"富强"列为社会主义核心价值观的首要观念。

富强即民富国强，意味着把发展社会生产力、增强国家综合国力和实现人民群众的生活富裕作为建设中国特色社会主义的经济价值目标。经济上富强，是社会主义存在和发展的物质基础，是解决我国改革开放进程中的各种困难和问题的物质保证，是战胜资本主义的物质前提。在凝聚着社会主义核心价值观精髓的二十四个字当中，"富强"地位特殊，内涵丰富，具有根本性、基础性和优先性的价值和意义。

富强首先在于富民，人民富裕。民富国强，没有民富就没有国强，也就谈不上富强。我国古代先贤早就有"凡治国之道，必先富民"之说。按照马克思主义的基本原理，社会主义要创造更高的生产力，使社会财富极大丰富，人民享有高水平的物质生活和精神生活。特别是在中国这样的贫穷落后的国家搞社会主义，最根本的任务就是发展生产力，不断改善和提高广大人民群众的物质生活和文化生活。改革开放三十多年来，我们牢固地树立起"贫穷不是社会主义"，"社会主义必须摆脱贫穷"的观念，在致富、富民的道路上奋勇开拓、积极进取。不仅使十几亿中国人从根本上摆脱了贫困，使中国人的人均国民生产总值从一百美元左右迅速增加到五千多美元，还使中国的综合国力连超欧洲、日本等发达地区、国家，目前仅次于美国排在世界第二位。最为重要的是，中国的"富"，不是一小部分人的富裕，而是基本上实现了全体中国人的共同富裕。早在改革开放之初，邓小平在谈论建设有中国特色社会主义的时候就曾经指出，"如果走资本主义道路，可以使中国百分之几的人富裕起来，但是绝对解决不了百分之九十几的人生活富裕的问题"。走社会主义道路，就是要逐步实现共同富裕。一部分地区一部分人先富裕起来，先富带动和帮助后富，最终实现共同富裕。

富强也在于富国、强国。即富强除了体现为富民、民众富裕、藏富于民之外，也体现为国家拥有巨大的财富储备和强大的经济实力。富裕是富强的一个方面，但富裕不等于富强，富国也不等于强国。像卢森堡、卡塔尔之类的小国，人均国民生产总值超过十万美元，可谓富裕，是名副其实"富国"，甚至可以说是世界最富的国家，但是由于其国家经济实力总量规模小，所以不可能成为经济大国、强国。作为一个世界经济大国，一是要有相当巨大的国家经济规模，这包括宏观经济总量的规模和微观企业的规模，若无此块头大、规模大，就谈不上其在世界经济中的分量，也就谈不上是世界经济大国；二是要有相当密切的国际经济联系，这包括对外贸易的联系和货币金融的联系，若无此密切的国际经济联系，就谈不上其对世界经济的影响力，也就谈不上是世界经济大国。无疑，大不等于强，大国也不等于强国。如果仅仅是块头大、体量大，但体弱虚胖，没有强大的经济发展活力和竞争力，也就谈不上是强国。鸦片战争前后的大清国，其国土面积、人口数量以及经济总量规模，不可谓不大，但是这个老大落后的封建帝国在新兴的西方资本主义强国面前，是那样的陈腐虚弱、不堪一击，最后只能沦落到任人宰割的悲惨境地。所以，"富"，不仅意味着财富的多寡，还意味着"强"，意味着"大"，只有富而强大的国家，才能自立于世界民族之林。这就是我们所说的富强的应有之义。

富强不仅是一个经济概念，同时也是一个综合国力概念。当今世界国与国之间的竞争是以经济实力为基础的综合国力竞争。经济的富强是国家综合国力强大的基础，同时也需要政治、军事、文化、科技、教育等硬实力、软实力的发展和强大，才能使国家实现真正的富强。换言之，一个国家除了是经济富国、强国之外，同时还应是政治强国、军事强国、文化强国、科技强国、人才强国等方面的强国，才是一个完整意义的强国，才真正称得上富强。就其中的军事而言，无论是战争时期还是和平时期，军事实力都是一个国家综合国力的重要象征。因此，所谓富强，除了意指"富民强国"外，同时亦含"富国强军"之义，是富民与强国、富国与强军的辩证统一。

富强作为一种观念，是社会主义核心价值观的首要观念，是其他社会主义核心价值观的基础，与社会主义其他核心价值观密切联系、相互促进，从不同层面规范了社会主义核心价值观的要求。我国古人说，"富之，既富，乃教之也，此治国之本也。"说的是治理国家的根本，首先是致富,富裕了就能有文化教育等方面的发展。历史唯物主义告诉我们,经济是基础,由此决定政治上层建筑,同时上层建筑也反作用于经济基础。中国特色社会主义是以经济建设为中心,经济建设、政治建设、文化建设、社会建设、生态文明建设协调发展的现代化建设,与之相应,我们以富强观念为首要观念,同时规范和倡导社会主义核心价值观各方面的要求。

三、富强是实现中国梦的坚实基础

无疑,我们在追求富强的道路上已经取得了伟大的成就。新中国成立以来,特别是改革开放以来,我们励精图治、奋勇拼搏,坚定地走在发展富强的道路上,使中国的面貌发生了翻天覆地的变化。我国的社会生产力、经济实力、科技实力迈上一个大台阶,人民生活水平、居民收入水平、社会保障水平迈上一个大台阶,综合国力、国际竞争力、国际影响力迈上一个大台阶。我国已成为世界第二大经济体、第一大贸易国、第一大外商投资吸收国和第一大外汇储备国。我国2012年的经济总量已经占到世界经济总量的11%，贸易进出口额已经占世界贸易总额的12%。我国经济对世界经济增长的年平均贡献率超过20%，已成为拉动世界经济发展的火车头。我们完全可以说，我们在社会主义的富强之路上已经取得了伟大的举世瞩目的历史性成就，这就使得我们有能力、有实力再经过几十年的奋斗实现习近平总书记提出的"中国梦"！

  实现富强的中国梦从未像现在这样离我们如此接近。我们现在正站在新的历史起点上，致力于在中国共产党成立一百年时全面建成小康社会，进而在新中国成立一百年时建成富强民主文明和谐的社会主义现代化国家。这"两个一百年"的奋斗目标，是实现中华民族伟大复兴的"中国梦"，实际上也就是实现中华民族的富强梦。"富国强兵"，这个曾在半殖民地、半封建的旧中国被无数中国人做过的、却又是一个无法实现的梦，随着新中国的成立、中国人民从此站立起来而开始走向实现。正如毛泽东同志所说过的，"这种幼稚的梦的幻灭，正是中国富强的起点"。进入21世纪的第二个十年，实现富强的中国梦从未离我们如此接近。到2020年的时候，我们将全面建成小康社会。届时我国国民生产总值和城乡居民人均收入将比2010年翻一番，经济实力将进一步增强，人民生活水平将更加富裕；届时我国将进入创新型国家行列，我国将基本实现工业化、信息化，城镇化质量也明显提高，农业现代化成效更加显著，国际竞争力明显增强；届时我国人民民主也将进一步提高，我国将进入文化强国、人才强国、人力资源强国和教育强国的行列。届时我国社会将更加和谐稳定，资源更加节约、环境更加友好；我国的国防也更加现代化，将基本实现机械化和信息化建设的双重历史任务。

这些富民强国、富国强军的目标，既是国家的宏伟战略，也与全体中国人息息相关，每一个中国人的利益、地位和前途命运都与国家富强紧密相连。富强体现了中华民族和中国人民的整体利益，是每一个中华儿女的共同期盼和责任，只有依靠全体中国人民共同努力，才能实现富强目标，才能实现中国梦。

实现富强这一伟大的中国梦离不开发展。发展是解决我国所有问题的关键。邓小平理论的一个重要论断就是

"发展是硬道理","三个代表"重要思想之首是"代表中国先进生产力的发展要求",科学发展观的"第一要义"也是"发展";我们现在致力于全面建成小康社会、实现富强的中国梦,关键还是靠发展。唯有发展、科学发展,才能实现富民强国的中国梦。

我们要通过以经济建设为中心的发展,富民强国。我们要通过以改革开放为动力的发展,富民强国。我们要通过转变方式、调整结构的发展,富民强国。我们要通过以人为本的发展,富民强国。我们要通过全面协调可持续发展,富民强国。我们要通过统筹兼顾的发展,富民强国。我们要通过公平正义、共同富裕的和谐发展,富民强国。我们要通过和平发展,富民强国。正如习近平同志2013年1月28日在中共中央政治局第三次集体学习时所指出的,"我们一定要抓住机遇,集中精力把自己的事情办好,使国家更加富强,使人民更加富裕,依靠不断发展起来的力量更好地走和平发展道路"。

第二节 民主

民主既是一种价值理想,也是一种现实的社会治理制度。在现代社会,"民主"一词已经具有了某种神圣的价值,它成为社会文明与进步的一面旗帜。无论是否符合事实,几乎任何政府或组织都把自己描绘成为民主的,而把对手说成是不民主的或者反民主的。但是,民主是一个历史性概念,并不具有绝对的性质。一方面,在历史上,民主并不是一直具有现在这样的积极意义,亚里士多德似乎更看重温和的贵族制,最初的启蒙思想家也曾幻想开明君主制;另一方面,在现实中,纯粹意义上的民主从来没有真正实现过,任何国家或组织都没有也不可能实现纯粹意义上的民主。民主(英文democracy来自希腊文demokratia),由"人民"(demos)和"统治"(kratos)组合而成,意思是社会由人民治理或由民众做主。在人民治理这种意义上讲,民主设想的充分意义往往只是一种潜在的可能,而不是已经完成的现实。然而,在现实生活中，民主又是一个时时发生的现实，人们在不断扩大着自己的民主权利。实际上，民主是社会成员之间为了达成利益妥协而安排的某种妥协机制，以便能够实现某种公共生活的空间和可能性。有了妥协的机制，民主才会获得尽可能多的人的支持，从而形成民主认同的社会氛围，建立稳定的国家社会秩序。

从发展的角度看，社会应该是越来越民主的社会，人民应该越来越能够决定社会的进程。一个不断进步的社会，应该是越来越民主的社会。建立人民当家做主、公平正义、自由和谐的社会主义社会是中国人民的奋斗目标，因此，民主，确切说是社会主义民主，一直是中国共产党人倡导的价值观。人民民主是我们党始终高扬的光辉旗帜，中国特色社会主义也一定要把人民民主作为自己的核心价值观。

一、民主价值和民主制度代表着人类历史的前进方向

马克思主义承认资本主义民主价值观相对封建等级制是一大历史性进步，但也充分认识到资产阶级民主制度的

历史局限性。相比于封建等级和世袭制度，现代民主政治具有强大的生命力，所以民主价值观也应该具有世界历史意义，也就是说，民主价值和民主制度代表着人类历史的前进方向。由于欧美近代最早爆发了资产阶级革命，因而西方国家也较早进行了民主政治的尝试，这也是西方人所津津乐道的西方软实力之所在。但是，西方国家的民主无论是英国的、美国的、法国的民主都是民主发展过程中必然的特定的民主形式，都不是唯一的、绝对的和普世的民主形态。不仅资本主义有民主，早在古希腊时代就有奴隶制的民主，资产阶级民主只是民主的阶段性形态。

马克思主义认为，尽管资产阶级民主是历史的一大进步，但它仍然只是供少数人享受的民主。列宁一针见血地指出："资产阶级害怕充分自由和充分民主，因为它知道，觉悟的即社会主义的无产阶级会利用民主来反对资本主义的统治。"不仅早期的资本主义不能实现充分的民主，当代的资本主义国家同样不能实现充分的民主。西方学者威廉·佛巴斯认为：随着社会的发展，人民的确获得越来越多的社会权利。"但仅有社会权利还不够……没有改革者所谓的'工业民主','政治民主是不可能实现的'。工业化已经使国民从工匠和农民变成了领薪者,他们的财产更少,也无法摆脱……'内在不平等'和对工业雇主的'依赖'关系。问题不仅仅在于物质上的需求,而且还关乎到尊严;老板或厂主的专横、工人在工作场所缺乏自由、发言权和权力。工资奴隶显然不是民主国家公民的应有身份。"另外,不平等的国际秩序,反过来使资本主义国家的民主成色也大为下降。亨利·吉罗克斯尖锐地指出:美国的"反恐战争已经成为一场反对民主的战争,因为手持警棍的警察已经配备了在伊拉克和阿富汗战场所直接使用的最先进军事装备。""配备有准军事武器的国内警察力量,即使在没有恐怖分子袭击美国本土时,为确保他们自身的实力与影响力,警察集团也会寻找各种借口来任意支配这些新式武器装备。新的国内准军事力量也将破坏言论自由和少数观点的自由发表,因为过度的军事化武装警察已经对以公民自由、公民权利和公民责任为核心的民主制度构成了巨大威胁。"总之,西方社会虽然有民主的形式,却远没有实现民主的所有内容,甚者还没有触及到民主的实质内容，那就是广大人民在国家经济、政治、文化和社会生活各方面都能够当家做主。

二、人民民主使社会主义具有无限的生命力和远大的前景

民主是一个历史性的概念。在历史性的意义上，不能认为民主概念是完全西方资本主义国家的概念。在漫长的中世纪，欧洲既没有民主自由，也没有人权，有的只是神权、王权和等级差别。除了古希腊民主政治的微弱之光外，欧洲也曾经长期处在奴隶制和封建制的黑暗统治之中。民主自由是某种现代性的概念，尽管这些概念经历了人类的长期摸索，其中也有中国古代民本思想的探索——"民之所欲，天必从之"。当然，作为现代性概念，中国人民对民主的追求，的确受到西方思想的影响。近代以来，为了建立人民民主的社会，中国人民前赴后继，进行了不懈的奋斗，这恰恰说明了人民的民主自由代表了人类历史的发展方向。正如有学者指出的那样，"中国人民同世界各国人民一样拥有自由民主的价值观念，实现

自由民主所需要的具体改革和政治发展道路正在探索之中。""'自由民主'是现代中国新文化传统的核心价值"。中国特色的社会主义正是朝着人民民主的方向不断发展、不断前进的。

显然，在当代，民主也并不是西方资本主义国家的专利，社会主义同样有民主，社会主义之所以比资本主义更先进更进步，就在于它能够实现比资本主义社会更完善的民主、更充分的自由，能够为广大人民建立起更和谐更公平正义的社会。不能因为资本主义国家谈民主，我们就对民主采取不承认或回避的态度。资产阶级谈的民主是资产阶级的民主，我们完全可以谈无产阶级的民主，即人民民主。在新民主主义革命时期，中国共产党团结全国各族人民为实现民主自由进行了长期的浴血奋战；新中国成立之后，我们党领导广大人民在全力推进经济建设的同时，在如何实现社会主义民主这一重大问题上也不断进行了许多有益的尝试和探索。实际上，人民民主是社会主义的强大生命力之所在。中国特色社会主义道路的成功，就在于人民民主的不断扩大。邓小平指出："没有民主就没有社会主义，就没有社会主义的现代化。"可以说，"发扬和保证党内民主，发扬和保证人民民主"是社会主义核心价值取向之一。尽管由于历史和现实原因，我们的民主制度还有许多不完善的地方，中国特色社会主义民主仍然有许多改进的空间，但决不能否认我们的民主探索和民主实践。

人民民主体现在人民的日常生活之中，体现在基层自治和民主管理之中，民主需要制度性和程序性选举，但是不能把民主的实质仅仅归结为选举。选举是实现民主的某种手段，而选举本身并不就是民主的目的。民主权利应该包括经济民主、政治民主、文化民主、社会民主等方方面面，可是许多西方国家的民主已经异化成为几年上演一次的政治选举秀，广大人民也仅仅在这个时候才成为行使"权利"的公民，平时却对社会经济、政治、文化等政策缺乏真正的影响力。许多政客选举时许下很多的承诺，可是选举之后就抛到脑后，选举语言已经成为大家都需要面对的一种"现实"。就如格雷格·鲍威尔（Greg·Power）在2012年4月发表的《全球议会报告》中指出的："民众对议会所审议问题的真正影响是有限的。"更有甚者，大选已经成为代表利益集团的政党争夺权力的政治秀。在这种政治秀情境下，竞选人往往偏重于表演和不负责任的承诺，许多人缺乏真正的管理经验，有的只是表演和作秀的才能。很多二流演员成为颇受媒体青睐的"政治人物"，二者之间显然有某种表现和象征意义。在政界和媒体的相互作用之下，许多人没有多少从政经验，却因为有较强的表演能力而登上从政舞台，上台后却无法应付各种复杂的社会矛盾和社会问题，从而导致西方资本主义国家频频发生政府领导危机。

在中国特色的社会主义实践中，我们不仅有民主，而且我们的民主探索更具实际意义和实质内容。我们不仅有人民代表大会制度，而且在任何基层都有民主参与和民主监督。人民民主体现在人民的日常生活之中，体现在基层自治和民主管理之中。西方人说不怕总统而怕经理，而在中国基层领导的任命和提拔都要进行民主测评，每年由群众对他们的工作进行评议，只有全心全意为人民群众服务、为人民群众着想的干部才能得到群众的认可。那些只考虑自己利益的人，那些碌碌无为的人，都会感受到群众测评的压力。更加重要的是,中国的高级干部都由基层工作开始做起,有不同层面和范围的民主生活经验,都在不同的层级上得到群众的评判和民主生活锻炼。

三、发展民主、完善民主是社会主义的根本属性

既然民主是一个历史概念,社会主义要不断地进步、繁荣和发展,就离不开更加广泛、更加全面、更加符合人民利益的各种民主形式的建立和发展。也就是说,社会主义愈发展,民主也应该愈发展。在这个过程中,我们还有大量的工作要做。要不断改变某些还不够民主的地方,我们也要学习包括西方政治民主有益的东西,但是我们决不照搬西方的民主制度,因为他们的民主是基于资本主义社会的民主,不是人民民主。人民当家做主是社会主义民主政治的本质和核心。因此,就如党的十八大报告强调指出的,"必须继续积极稳妥推进政治体制改革,发展更加广泛、更加充分、更加健全的人民民主"。"更加注重健全民主制度、丰富民主形式,保证人民依法实行民主选举、

民主决策、民主管理、民主监督。"这就要求我们使民主越来越制度化，越来越程序化，越来越规则化，同时让民主参与的范围越来越大，只有这样才能让群众可以有预期有成效地参与民主决策、民主管理、民主监督。一句话，我们必须更高地举起人民民主的旗帜，不仅保证人民当家做主，而且要不断扩大人民民主。

总之，中国特色社会主义积极倡导民主价值观，不是西方所鼓吹的"民主"，而是社会主义的人民民主。如果说古希腊的民主是少数奴隶主的民主，资本主义的民主是资本主义的片面的民主，那么马克思主义的目标是彻底解放全人类，建立人民真正当家做主的社会。实现真正全面的人民民主，实现所有人自由而全面的发展，是马克思主义关于人类社会进步的价值理想，也是中国特色社会主义的核心价值追求。

第三节 文明

文明，是人类共同的期盼，不懈的追求。人类社会的历史，就是一部人类不断挣脱愚昧、野蛮的束缚，从不文明走向文明，由低级文明走向高级文明的发展史。凝聚全民族的力量，努力培育和践行社会主义文明观，是每一个中华儿女的共同期盼和历史使命。

一、文明是一个内涵十分丰富、结构十分复杂的总体评价性概念

文明的概念最初是由18世纪法国思想家对于"野蛮"状况提出来的。它的语源出于拉丁文"Ciris"，意思是"公民的"、"组织的"，用以表示国家和社会的开化程度和进步状况。作为一个对国家和社会开化程度和进步状况客观描述性的概念，文明和文化是紧密相连的，文化是文明定义的共同主题，离开了文化就无所谓文明。文化是一个中性词，"文化即人化"，大凡一切人的创造、人为的制作的产物，都可以叫做文化。但一切人为的创造制作的东西是否都可以称之为文明呢？显然不能等而观之。唯物史观告诉我们，人是社会的存在，是历史的产物，人的主体尺度不论多么复杂多样，只有符合社会前进的潮流、

历史发展的需要和人们自由解放的程度时，这种主体的尺度才是合理的。因此，文明不仅是一种对社会进步和成就状况单纯客观的描述概念，而且也是一个关涉社会主体的存在和发展状况的价值概念。文明作为人类一种永恒的价值追求，它所体现的是社会的进步和成就，合乎社会发展的规律性和社会主体发展的合目的性的统一。这种统一的最深刻、最根本的基础就是社会实践。人是社会实践的主体，社会生活的本质是实践的，因此说到底，文明的最深沉的本质乃是对人类调整与外部世界的关系以及人自身关系的能力的一种价值认定，是人类作为一个整体的生存和发展能力的价值标识。

　　文明是一个有机的系统，有着内涵丰富、层次复杂的结构。大凡关涉到提升人类整体生存和发展能力的各种要素，都无不要进入文明概念的内涵之中。因而它逻辑地展开为物质文明、政治文明、精神文明、社会文明和生态文明五大构成层次或系统。这五个层次或系统，乃是对社会文明完整形态的把握，它们各自从自己特定的方面展现出人类整体生存和发展的能力。这五个层次或系统之间不是相互平行、互不相干的，而是处在一种相互生成、相互交织、相互制约、相互建构的有机系统之中，从生态文明——物质文明——政治文明——精神文明——社会文明，其逻辑制约关系是，前一层次是后一层次形成的前提和基础，后一层次则是前一层次更高的进一步的展现，并把前者包含于自身，因而更加丰富，但却反过来又规定和影响前者的性质。五个层次之间没有前者就没有后者，有了前者就一定会有后者，这就形成了一种前者建构后者，后者建立在前者基础之上并组织、支配、规范前者的双质互生、互动的有机结构体。

因此，要把握文明作为考量人类整体生存和发展能力的价值认定和价值标识，就不能不深入到构成它的各个层次及其相互关系之中。我们要培育和践行社会主义文明观，也只有建立在对社会主义文明的本质、构成及其相互关系的全方面整体的把握之上。

二、社会主义文明是一种全面、完整的文明

应该看到，自从人类走出蒙昧、野蛮的原始状况，进入文明社会以后，随着社会历史的发展，人类文明是在不断进步的，但这种进步不是直线的，而是一个充满了矛盾斗争的过程，在这个过程中文明与野蛮，文明与不文明总是如影随形、相互冲突，因而呈现出一个螺旋式上升的过程。在社会主义制度建立以前，人类文明发展是在以私有制为基础和阶级对抗的社会中运行的，先后产生了奴隶制文明、封建制文明和资本主义文明。这几种社会文明类型，历史地看，后者都是比前者更高一级的文明类型。每一种文明类型所获得的文明进步成果都是人类共有的精神财产，需要认真对待和高度珍视，它们依次构成了人的解放、人类文明进步的必经的历史阶段。但是也应该看到，这几种文明类型毕竟是在私有制和阶级对抗的社会里产生和发展的，恩格斯曾经把人类从原始社会到资本主义社会发展的历史称之为人类的史前时期，他指出，只有消灭了私有制，消灭了剥削阶级，建立了社会主义制度，才使人们之间的"生存斗争停止了，于是人才在一定的意义上最终地脱离了动物界，从动物的生存条件进入真正人的生存条件"，只有从这时起，才揭开了真正人的历史的序幕，开始了"人类从必然王国进入自由王国的飞跃"。这就从根本上，把人类文明的发展转移到一个全新的历史轨道上，使社会主义文明获得了前所未有的新的特质，开辟了"真正的人"的文明发展的无限广阔的道路。

首先，社会主义文明是在马克思主义指导下，人们自觉创造的文明。马克思主义科学地总结了人类已有的认识成果，如实地反映世界的本来面目和社会发展规律，它的产生使人类在错综复杂的社会历史面前真正睁开了眼睛，对于过去全部历史发展的规律，有了正确的认识，对于未来社会发展的前景有了科学的预见，因而能够根据这种规律性的认识主动地推动历史的前进，自觉地创造自己的文明。

其次，社会主义文明是一种全面、完整的文明。社会主义以前的各种文明类型，由于历史条件的限制和少数统治阶级的私利，他们在发展某种文明构成要素的过程中，总是自觉不自觉地忽视、排斥，甚至以牺牲其他文明构成要素为代价，因而使文明的发展始终摆脱不了残缺的、片面的性质，所谓"价值颠覆"、"意义失落"、"精神危机"就是其真实的写照。社会主义文明强调文明是一个有机整体,党的十八大在科学总结社会主义建设和改革开放的历史经验基础上,提出的经济建设、政治建设、文化建设、社会建设和生态文明建设"五位一体"的中国特色社会主义的建设格局,就是对社会主义文明整体性和全面性的科学把握,是对社会主义文明特质认识的新成果和新境界。

最后,社会主义文明是以人的自由全面发展为最高价值目标。如果说在社会主义文明产生前的文明发展的诸形态中,创造社会文明的主体——广大劳动者阶级不仅不能充分享受文明的成果,反而如当代资本主义文明发展所呈现的那样,人都越来越被"工具化"、"功能化",人成了"单面人"、"片面的人"。那么,马克思主义一产生就明确地宣称:工人们在自己的共产主义的宣传中说,任何人的职责、使命、任务就是全面地发展自己的一切能力。社会主义、共产主义作为一种学术价值体系,就是要建立一个"每个人的自由发展是一切人的自由发展的条件"的社会。当然这是一个长期的历史发展过程,但是,人的解放，人的自由全面发展始终是社会主义文明发展的主题，是衡量社会主义文明发展水平与程度的价值尺度。

在我国还将长期处于社会主义初级阶段的历史条件下，"以人为本"始终是我们党和国家坚持的最高原则，它成为贯穿我们的物质文明、政治文明、精神文明、社会文明和生态文明建设的一根线，也是我们的社会主义文明建设能够得到全民族的广泛认同，成为汇聚民意、凝聚民心、激发民力的强大精神动力。

三、社会主义文明观为中华文明的伟大复兴开辟了现实而广阔的道路

社会主义文明观作为人类文明发展史上一种新型的文明观，作为贯穿于社会主义核心价值体系基本内容的一个重要方面，大力培育和切实践行社会主义文明观就成为中国各族人民在新的历史起点上，建设中国特色社会主义文化强国，实现民族伟大复兴一个重要的历史使命和社会责任，它体现了中国各族人民的整体利益与共同的价值期盼。培育和践行社会主义文明观是一个长期艰巨的历史过

程，我们必须立足现实，放眼未来，从现在做起，从我们工作和生活中的点滴做起，只要这样，我们才能合聚全民族的力量，为培育和践行社会主义文明观开辟现实而广阔的道路。

第一，必须坚持发展是硬道理的要求，把全面推进中国特色社会主义建设各项事业的发展同培育和践行社会主义文明观有机结合起来。社会主义文明进程的内在逻辑是与社会基本矛盾运动规律紧密相连的。物质生产是一切历史发展的基本条件。为了发展社会生产力，必须积极稳妥地推进生产关系和上层建筑的改革，也就是说，在建设社会主义物质文明的同时，还必须同时建设与其相适应的政治文明、精神文明、社会文明和生态文明，才能使社会主义充满生机与活力。这既是社会主义文明进程的内在要求，也是社会主义社会基本矛盾的内在逻辑。纵观我国社会主义文明发展的历史进程，也是一个坚持发展是硬道理，坚持以经济建设为中心来全面推进中国特色社会主义现代化建设的历史过程。因此培育和践行社会主义文明观，就必须尊重社会主义社会发展的客观规律，把社会发展的合规律性和价值建构合目的性有机统一起来。

　　第二，必须把传承和发扬中华民族的优良传统同借鉴人类文明的积极成果有机结合起来。列宁曾经指出，社会主义不是离开人类文明大道的一种偏狭愚顽的东西，相反，它是人类文明发展的必然结果。社会主义文明之所以高于优于其他一切文明类型，就在于集中了人类文明的一切积极成果，并在全新的基础上传承发扬光大。对于中国人民来说，培育和践行社会主义文明观，首先就要继承和弘扬中华民族的优良文化传统。中华民族历史悠久，创造了灿烂的古代文明，为人类文明的发展作出了重大的贡献，培育和践行中国特色的社会主义文明观不能割断和传统文明的纽带，不能离开对优秀传统文化的继承和弘扬。在这里，我们必须对不时鼓噪的所谓"西方文明至上论"、"历史虚无论"保持高度的警惕。必须处理好古今和中外的关系，坚持把民族化、本土化和全球化辩证地结合起来。

　　第三，要把充分发挥人民群众的创造精神和加强社会主义核心价值体系导向有机结合起来。人民群众是历史的创造者，也是社会文明的创造者。培育和践行社会主义文明观，既是促进社会全面进步的需要，也是实现人的自由全面发展的需要，必须坚持以人为本，尊重人民群众的主体地位，努力挖掘蕴藏于人民群众中无穷的智慧和力量。应该看到，在社会主义初级阶段，由于利益关系的多元化，人民群众价值观念的差异性是正常的。因此在培育和践行社会主义文明观的过程中，我们必须坚持既鼓励先进，又照顾多数，用典型示范、交流疏导、说服教育、民主讨论的方法，有针对性地解决人民群众的思想疑虑与困惑，使培育和践行社会主义文明观真正成为人民的自觉要求和实际行动。

第四，要把积极探索方法途径和建立长效运行的保障机制有机结合起来。培育和践行社会主义文明观，绝非一朝一夕之功，而是一个长期有组织有计划的实施推进过程。方法途径来自实践，我们必须积极探索，认真总结，使培育和践行社会主义文明观的方法途径，更加贴近群众，更加生动多样。至于建立培育和践行社会主义文明观的长效保障机制问题，我们必须努力探索和建立融入机制，把培育和践行社会主义文明观融入国民教育体系、社会主义现代化建设的方方面面；衔接机制，形成学校、家庭、社会的教育相互联系、相互呼应、彼此配合，使社会主义文明各个构成要素在内容上相互补充、相互促进；支持制度机制，这里包括制度规范、实施队伍和物质支持，真正使培育和践行社会主义文明观实现制度化、科学化运行和永续发展。

第四节　和谐

中国古代哲人宇宙观认为："和"是万物产生的本源和基础，万物发育产生后，"和"作为万物的根本存在于万物之中。人，作为万物中最有灵性的生命体，儒释道传统无不主张人的身心的和谐，这是中国人所致力追求的至高无上的境界。"和"包含了宽容、和谐乃至妥协，但"和"绝不是无原则的迁就，更不是庸俗的滑头主义。

党的十八大报告将"和谐"作为当今中国的核心价值观提出来，其实是继承、吸收了中华民族传统文化中的

"中和"、"仁爱"、"民本"等和谐思想的精华,反映了当今中国面对复杂多变的世界在文化上的自觉和自信。同时,这也说明我国传统文化中"和谐"理念的精华部分,完全可以为今天实现中华民族的伟大复兴、中国人民的富裕、安定、幸福发挥积极作用。

一、"和"是万物产生的基础

和谐,简而言之,就是"和"。所谓"和",是在肯定事物或因素的多样性、差异性存在的前提下,使矛盾、对立的诸因素、方面统一起来,其要点是尊重差异与保存个性。西周末年,史官史伯就说过:"夫和实生物,同则不继。以他平他谓之和,故能丰长而物归之"。这是我国历史上第一次对"和"的内涵进行表述,它明确区分了"和"与"同"的界限。"和"是保留差别与多样性的统一,"同"则是简单抽象的同一性。不同、差异是万物生存、发展的基础,简单的同一则不可能产生出任何新的东西。世界不可能单一化、同质化。以同裨同、以水兑水,不可能出现、长养万物。人世间需要各种人、力量、声音的并存共处，相互制约，相辅相成，相济相生。"和"的观念中蕴含有开放性与包容性。孔子说"君子和而不同，小人同而不和"，即君子善于听取不同的声音，使用不同的人才，协调不同的方面与力量。道家庄子说"天地与我并生，而万物与我为一"，认为天、地、人、物、我之间是一种共生共存的关系，即整体的和谐、物我的相通。佛教华严宗有"六相圆融"、"一多相摄"的命题，同样表达了与"和"相类似的智慧。可见，传统儒释道诸家均认为，天、地、人、物及人与人之间，是"相成"、"相济"、多样统一的关系，彼此相接相处，形成一整体圆融、动态流衍的世界。

"和"在中国文化中，又被表述为"中和"、"太和"等概念，具有世界观、境界论、本根论的意义。《中庸》明确表述了"和"的哲学意涵和价值意涵，使之上升到世界观的高度："中也者，天下之大本也；和也者，天下之达道也。致中和，天地位焉，万物育焉"；"大德川流，小德敦化，此天地之所以为大也"。《周易·系辞下》曰："天下一致而百虑，同归而殊途。"先秦儒家集大成者荀子说:"万物各得其和以生,各得其养以成。"可见,"和"既是万物必然要遵循的"达道",也是万物得以"生"的本源依据。《周易·乾卦》进一步阐述了"和"的境界论意义:"乾道变化,各正性命,保合太和,乃利贞。"护持万事万物的各自本性,使之按照自己的本性发育、壮大,使万物不相悖害,各循其轨道,相依相待,就能够达到"保合太和"之境界,即整体和谐、生生不息的高明境界。北宋思想家张载则从本根论的角度论述"太和"的重要性:"太和,和之至也,未有形器之先,本无不和,既有形器之后,其和不失,故曰太和。""太和"是"和"的极致,是万物的本根和开端。万物产生的基础本来就是"和",发育产生后,"和"作为万物的本性内在于万物之中,并没有消失,这种情况就叫做"太和"。

二、"和谐"理念是中华各民族在长期融合中形成的民族性格

事实上,以"和"、"中和"、"太和"为主要意涵

的"和谐"理念，是中华各民族在长期融合过程中形成的民族性格。展开来说，理解"和谐"理念的向度大体有如下方面：

1.人与天地自然的和谐。中国传统文化认为天地万物也就是自然，是一个有机的整体，人跟自然的其他生灵一样是大自然浓缩的精华。中国传统文化认为人与自然与天是相贯通的。人的道德性是自然的天赋的。中国先秦时的古人就以极大的兴趣和热情讨论了人与自然、天地、山水、草木、鸟兽、虫鱼的关系问题，也就是我们今天所说的人与自然如何和谐共生的问题。中国古代思想家尊重天道天命，认为，天、地、人、物不是各自独立、相互对峙的关系，它们彼此之间有着不可分割的内在联系，他们共同处于一个充满生机的宇宙之中。中国传统文化主张人是自然万物密不可分的有机组成部分，中国传统文化中包含了许多保护生态环境与自然和谐共生的观点，其中特别强调要以敬畏的心态面对天地自然。中国的传统文化从不与宗教、自然相对立，它讲求的是天人合一，即人文、宗教、自然的统一。

2.人群、族群、民族之间的和谐。中华民族传统文化是在多样化的发展中逐渐统一的，在五千年甚至更长时期，多地域多族群及其语言、文化、宗教不断融合。现代中国及其文化更是56个民族共同创造的产物。中华历史、民族、文化的融合有一个漫长的过程，在观念上形成了"协和万邦"、"天下一家"、"中国一人"的文化理想，成为维系协调各民族的纽带与润滑剂。

3.人与人的和谐。这主要是指社会关系的和谐。人与人的各种现实关系和人所处的且无法摆脱的社会习俗、制度、伦理规范、历史文化传统都必须得到尊重。个体人不要成为片面的人，必须正确处理与群体的关系及人的健康全面发展的问题。中国哲学传统中有"成己"与"成人"、"立己"与"立人"、"己达"与"人达"之论，在"己"与"人"的关系上，孔子主张"己欲立而立人，己欲达而达人"，"己所不欲，勿施于人"。儒家一贯主张"修己以敬""修己以安人""修己以安百姓"。个体与群体、个人与社会的关系，是和谐共生、共育、共融的关系。

4.身与心的和谐。这是指每个人与自己的精神世界、内在自我的关系问题。在人与内在自我的关系上，中国传统哲学家认为个体生存的意义，世界与个人身心的涵养有很大的关系，身心和谐可以帮助人在生命与心灵上都处于健康状态。中国传统哲学家很看重个体的生存品位与品质，很重视人文的熏陶和修养。孔子讲"志于道，据于德，依于仁，游于艺"，优游、涵养、陶冶于礼乐教化之中，提升每一个人的品位。道家、佛家也主张身心神形的合一与超越，建立起各自所特有的修养论、境界论。儒释道传统无不主张身心的和谐，这是中国人所致力追求的高明境界。

三、发掘我们民族传统历史文化中的"和谐"理念，对于当下我们所倡导的价值目标和价值追求有着重要意义

中华民族是爱好和平的民族。和谐理念，能为促进世界和平与发展、促进国与国之间关系、协调国内区域发展、培育文化的多样性，提供精神资源和价值理念。从国

际来看，我国近些年来提倡走和平发展的道路，倡导和谐世界的理念，在世界上获得了广泛认同，它提升了国家软实力和国际形象，营造了良好的环境与氛围，在一定程度上消解了中国"威胁论"。从国内来看，我国近些年来统筹城乡区域发展，开发西部、振兴东北、中部崛起等一系列国家战略，既从大局出发，又考虑到各区域不同的经济特点和地理区位，是整体和部分的统一，也是"和而不同"理念的体现。

和谐理念，可以为协调国家和人民、公民与社会、个人与群体、个体与个体之间关系和事务中所出现的矛盾，提供方法论意义的启示。解决冲突与失衡、悖反与对抗的情形，需要以"和"解之。"和"包含了宽容、妥协，但"和"绝不是庸俗的、无原则的滑头主义，不是要否定、抹杀差异和矛盾，而是从大局出发，寻找事物能够和谐共处、发挥其最大效用的条件及平衡点。

随着和谐理念日益深入人心，将在上层建筑领域极大地促进我国政治民主化进程，使我们的政治风气、政治氛围越来越民主，我们的政治观念越来越民主。党的十八大报告指出，必须坚持民主法治，促进社会生活法制化、规范化，逐步形成社会公平保障体系，促进社会公平正义。人民是主体，政府及官吏是服务者。所谓"政通人和"，其实是先要公正，有公正才有"人和"，有"人和"而后才能"政通"。政务是否公开透明，是能否"政通人和"的前提。

四、培育践行和谐价值观须内化于心、固化于制、外化于行

经过三十多年的改革开放，我国在社会经济、政治、文化等领域取得了举世瞩目的成绩，但仍存在不少影响社会和谐的问题，例如环境污染严重，贫富差距加大，社会矛盾增多，社会成员公德与诚信意识薄弱，等等，所有这些矛盾和问题都有赖于我们通过培育和践行社会主义和谐价值观来逐一加以克服。

首先应从道德层面做到内化于心。孔子说："道之以德，齐之以礼，有耻且格。"从社会的角度来说，社会成员之间的和谐是整个社会和谐的基础。我们强调构建和谐

的邻里、社区、同事、上下级关系，发展健康的社区、公司、学校、机关文化。从家庭的角度来说，应高度重视家庭和睦，家长做好孩子的表率，树立孝亲尊老爱幼的道德意识；夫妻之间应有包容之心，互相尊重，共同履行好家庭责任。从个体的角度来说，应自觉地提高法律与公德意识，做到权利、责任、义务与利益相统一，积极参与公共生活，遵守社会秩序与规范，做有仁爱恻隐之心与感恩包容之心的文明人。

其次应从制度层面做到固化于制。民主法治是社会和谐的制度保障，依法治国是建设社会主义和谐社会的根本途径。现代社会是法治社会，各种社会关系，人们的权利和义务，都要由法律来规范和确定；应建立协调社会矛盾的各种机制，努力发展各种民间组织、社会团体，构建"小政府、大社会"，降低社会管理成本，保障民意畅通，还权于民；要建立完善的预防腐败机制，把权力关进制度的牢笼，整饬吏治；调节收入分配进程，应秉持社会公平、正义的原则。注重调节官民、劳资、公私、义利关系。加快户籍制度改革，使农民工享有和市民一样的权利。加强社会保障体系的建设，推进医疗卫生体系改革，帮扶弱势群体；积极构建网络文化监督机制，引导健康的网络舆论，形成良好的网络文化和社会风气；积极探索建立和谐社区的模式，形成良好的社区文化，有效地发挥社区组织的协调功能。

最后须从实践层面做到外化于行。促进人与自然、人与社会及民族间的和谐，必须从我做起，表里如一，知行合一。仅从人与自然的关系来说，基本的环境质量是一种公共产品，与全体社会成员的生存安全息息相关。我们每一个人都应高度重视环境保护问题，珍惜利用土地资源、水资源、森林资源，以及一些不可再生的稀缺资源，不能因私利而破坏了子孙万代的栖息之地；自觉地过低碳生活，例如使用环保购物袋购物，以减少塑料袋的使用，遏制"白色污染"；出门多使用自行车、地铁、公共汽车等交通工具，以减少汽车尾气排放；学会对垃圾进行分类和分拣，树立废旧物品回收再利用的环保意识；作为政府机关、事业单位的办公人员，应自觉推行办公信息化，节约纸张。政府公务员应逐渐减配公车，推行公务餐，减少公务应酬；节约粮食，物质生活上不与他人攀比，制止奢靡之风，自觉抵制奢侈品，提倡勤俭节约、艰苦奋斗的精神；多参与社区义工及民间环保、爱心、公益性组织的活动。爱护我们的永恒家园，建设"美丽中国"，是全体中国人义不容辞的责任。

第三章 社会主义核心价值观之自由、平等、公正、法治

第一节 自由

党的十八大提出的"倡导自由、平等、公正、法治"的核心价值观,集中体现了我国社会主义社会应当追求的理想价值属性,体现了社会主义的价值要求和理想价值追求,是社会主义制度自我发展、自我完善的价值内核。其中,倡导"自由"——倡导"实现人的自由全面发展",是社会主义的理想价值追求。

一、"自由"是社会主义的价值理想和共产主义的价值本质

一般而言,每一种社会形态和社会制度,都有自己的核心价值观和核心价值体系。与人类社会历史的发展形态相对应,人类社会的核心价值观和核心价值体系,大致经历了原始社会、奴隶社会、封建社会、资本主义社会和社会主义社会等五种社会价值形态。

社会主义核心价值观,是社会主义思想体系的内核、实践运动的指针、制度安排的灵魂、价值体系的逻辑起点,同时又是一个具体的、历史的、发展的过程,是一个不断生成的概念。马克思主义认为,平等、公正是社会主义制度的基本前提和首要价值,是社会主义最重要的价值特征;而自由——"实现人的自由全面发展",则是社会主义的理想价值追求和共产主义的价值本质。马克思、恩格斯所设想的社会主义,直接脱胎于资本主义社会。是在批判否定资本主义制度的基础上,确立社会主义的价值本质和价值理想的。如同肯定资本主义在推动人类社会的历

史发展进程中具有进步性一样，马克思认为，在人类文明的发展进程中，资本主义核心价值观同样具有进步性，而且首先是因为具有进步性，才推动了人类社会的进步发展。

然而，在资本主义发展过程中，资产阶级思想家和政治家以抽象的人性论为依据，以绝对的普遍性为方法，借助强势话语霸权，把"自由、平等、博爱"说成是代表整个人类社会普遍利益的"普世价值"，承载这些价值理念的资本主义制度，则是人类社会永恒的发展趋势。对此，马克思曾一针见血地指出：以"自由、平等、博爱"为核心价值观的资产阶级意识形态，具有虚伪性、唯心性和欺骗性，因为它把这些价值理念中的现实的个人利益说成是普遍利益，因此"愈发下降为唯心的词句、有意识的幻想和有目的的虚伪"。因此，我们要彻底批判资本主义核心价值观的虚伪性、唯心性、欺骗性。马克思、恩格斯认为，社会主义作为一种社会理想和一种现实的社会运动，是对资本主义社会普遍存在的奴役、剥削和压迫等不自由现象的反抗，是追求自由的伟大事业。只有到了共产主义社会，"自由、平等、博爱"才可能真正实现。

马克思主义是一套关于无产阶级和全人类解放的完整学说，它不仅鲜明地宣称实现每个人全面而自由的发展是这一学说的价值主旨和根本价值追求，同时还科学地阐明了实现人的自由全面发展的基本途径：一是生产力高度发达是实现人的自由全面发展的物质前提；二是消灭私有制和旧式分工是实现人的自由全面发展的根本条件；三是教育是实现人的自由全面发展的根本途径；四是精神产品的生产是实现人的自由全面发展的重要保证。总之，马克思主义以实现"人的全面而自由的发展"为根本价值宗旨和价值追求，以对人的解放与自由的诉求为坐标，建构起了自己的理论大厦，是一套完整的、科学的关于人的解放理论。

二、社会主义要高扬"自由"价值理想的旗帜

社会主义是一个社会生产力逐步走向发达，逐步消灭剥削、消除两极分化、最终达到共同富裕，从而为实现共

产主义创造条件的历史发展阶段。社会主义社会阶段虽然还不能达到像共产主义社会阶段那样生产力高度发达、物质财富极大丰富、人的觉悟极大提高的程度，但是我们必须看到，社会主义核心价值观与社会主义的最高价值——共产主义核心价值观之间的内在的、本质的必然联系——因为社会主义是共产主义的初始阶段。社会主义核心价值观与共产主义核心价值观，虽然具有一定的区别——体现着共产主义实践运动内部的发展变化，体现着现实性与理想性、阶段性与最终性、部分性与全面性等程度上的差别，是一种现实与理想、坚持与发展的关系，但在内在本质上应该是统一的、一致的。因此，社会主义理应也必须高扬共产主义的"自由"价值理想的旗帜。恩格斯曾深刻指出，社会主义作为共产主义的初始阶段，是对资本主义社会普遍存在的奴役、剥削和压迫等不自由现象的反抗，是追求"人的自由全面发展"的伟大事业，"我们的目的是要建立社会主义制度，这种制度将给所有的人提供健康而有益的工作，给所有的人提供充裕的物质生活和闲暇时间，给所有的人提供真正的充分的自由"。

马克思主义关于"实现人的自由全面发展"这个最高理想，是共产主义的价值本质，是社会主义核心价值观的理想目标，是社会主义的最高价值，是社会主义价值需求、价值创造、价值实现的根本方向，是人类社会的价值追求的理想图景。它指导着社会主义的奋斗目标和前进方向，通过经济、政治、文化、社会各个领域相应的核心价值、基本价值、具体价值表现出来，贯穿于社会主义伟大实践之中。从社会主义向共产主义发展、前进的过程，就是逐步把可能性变成现实性的过程。毛泽东曾指出："我们的国家之所以能够关心到每一个公民的自由和权利，当然是由我国的国家制度和社会制度来决定的。任何资本主义国家的人民群众，都没有也不可能有我国人民这样广泛的个人自由。"

我们党自成立之日起就把实现共产主义作为最高理想。建设中国特色社会主义，必须始终不渝地坚持马克思主义指导思想，社会主义伟大实践必然要以共产主义的最高价值为指引。积极培育和践行社会主义核心价值观，理应也必须高扬社会主义价值理想的旗帜——实现"人的自由全面发展",理应也必须倡导"自由"。这是社会主义核心价值观的本质要求,是根源于社会主义先进文化的实质体现。如果失去"自由"核心价值的理想性,社会主义的价值魅力就会被大打折扣。

三、倡导"自由"体现了现实价值目标和理想价值目标的有机统一

积极培育和践行社会主义核心价值观,既要立足于现实价值目标的追求,又要以理想目标——"人的自由全面发展"为根本价值指向和前进方向,体现最高纲领和最低纲领的有机统一,体现现实目标与理想目标的有机统一。

党的十八大提出"倡导富强民主文明和谐",这是社会主义核心价值体系的现实目标,与共产主义的价值理想——实现"人的自由全面发展"之间,是一个紧密联系、互为条件、相互作用的有机整体。"人的自由全面发展",是社会主义的价值旨归和价值指向,是人的本质的最高价值体现,是"富强民主文明和谐"的现实目标所要追求的最高价值。实现人的自由全面发展,始终是我们党

坚持社会主义道路的奋斗目标或最高纲领。我们党领导社会主义革命、建设和改革,其根本动因和最终目标,就是为了促进和实现人的解放和人的自由全面发展。

"人的自由全面发展",是社会主义的价值理想和价值旨归,也是社会主义核心价值体系的现实目标——倡导"富强民主文明和谐"的价值旨归。工人阶级和所有劳动者通过自觉的奋斗,在消灭阶级、消灭剥削的过程中,逐步实现共同富裕、平等民主、文明先进、人与社会的和谐、人与自然的和谐,构筑全面发展的"自由人的联合体"。这是马克思主义指导思想的根本价值立场和价值规定,是社会主义高级阶段——共产主义核心价值观的根本内容,也是社会主义核心价值体系的现实目标——"富强民主文明和谐"的应有价值指向和价值旨归。

现阶段,我国各族人民的共同理想,就是在中国共产党领导下,坚持走中国特色社会主义道路,实现社会主义现代化和实现中华民族的伟大复兴;就是解放生产力、发展生产力、消灭剥削、消除两极分化、最终达到共同富裕;就是实现民主法治、公平正义、诚信友爱、充满活力、安定有序、人与自然和谐相处。人的自由全面发展，规定了中国特色社会主义共同理想的价值本质和奋斗目标。社会主义核心价值观的现实目标——经济富强、政治民主、文化先进、社会和谐、人与自然和谐相处，就是为实现"人的自由全面发展"创造经济、政治、文化、社会条件，为最终实现"人的自由全面发展"服务。

"人的自由全面发展"，是一个逐步实现的长期过程，它贯穿并统领积极培育和践行社会主义核心价值观的全过程。我国已处于初级阶段的社会主义性质，决定了促进"人的自由全面发展"必须是现阶段我国经济社会发展的基本出发点和追求的理想目标；而现阶段我国社会主义的不成熟、不发达、不完善和长期处于初级阶段的实际，又决定了促进"人的自由全面发展"是一个长期而又十分艰巨的历史任务和历史过程，决定了实现"富强民主文明和谐"的现实目标是实现"人的自由全面发展"理想目标的基础和前提。党的十八大报告强调指出，在任何情况下，我们都要牢牢把握社会主义初级阶段这个最大国情，推进任何方面的改革发展，都要牢牢立足社会主义初级阶段这个最大实际。因此，在积极培育和践行社会主义核心价值观方面，既要理直气壮、旗帜鲜明地大力倡导"自由"，追求"自由"，又必须从我国社会主义初级阶段这个基本国情和最大实际出发，做到倡导"自由"和追求"自由"同我国经济社会发展阶段相适应，同生产力发展水平相适应，同生产关系变革相适应，既高度重视，又严肃对待，尽力而为，量力而行，促进发展，不断提升，有步骤有秩序地加以推进。

第二节 平等

社会主义制度为实现真正的平等奠定了制度基础。社会主义社会应当比资本主义社会更高地举起平等的旗帜，将平等作为自己的价值目标和价值追求。

平等不是一蹴而就的，平等理念的张扬、平等规则的完善、平等行为的规范、平等目标的实现，是一个很长的历史过程。

今天我们倡导平等，既不是重蹈"不患寡而患不均"

的绝对平均主义，也不是照搬西方资本主义社会的平等观，而是要创造与中国特色社会主义伟大事业相适应、有利于调动广大社会成员积极性、能给广大人民带来更多机会与利益的平等价值观。

平等，是一个令人向往的概念，也是一个易生争议的范畴。党的十八大报告将"平等"作为"积极培育和践行社会主义核心价值观"的重要内容，既表达了我们党在理论凝练与创新上的与时俱进，又反映了我们党在实践拓展与推进上的人文价值追求。平等的本来意义是什么？为什么要将平等作为社会主义核心价值观的重要内容？在我国现阶段培育和践行平等价值观需要解决哪些关键问题？只有深入地搞清楚这些基本问题，我们才能深刻把握平等的价值导向意义，推动现实社会向着平等的价值目标健康迈进。

一、平等是人的最基本权利，是人类社会的理想价值追求

平等一词，源远流长，常说常新。佛教崇尚平等，在

佛教用语中，平等意即没有差别。所谓"是法平等，无有高下"；"广大慈悲，万物平等"。平等一词被应用于社会领域，则是指人们在政治、经济、法律、社会等各方面具有相等的地位，拥有相等的权利，享有相等的待遇。在现代社会，作为价值理念和价值目标的平等，主要是指权利平等、机会平等和结果平等。

平等是人的最基本权利，是处理人与人之间关系的最基本准则，是人类社会的终极理想状态。正如马克思指出："一切人，或至少是一个国家的一切公民，或一个社会的一切成员，都应当有平等的政治地位和社会地位。"向往平等，天经地义；追求平等，人性所至。古往今来，古今中外，平等在推动社会变革与社会发展中发挥着至关重要的价值导向作用。早在公元前一世纪小亚细亚的奴隶起义，就提出过没有富人也没有穷人、没有奴隶也没有主人的"太阳国"平等理想。我国秦代陈胜、吴广领导的农民起义，向着不平等社会制度发出"王侯将相，宁有种乎"的平等呐喊。中国封建社会的历次农民革命，几乎无不将平等作为自己的价值理念和行动纲领。无论是北宋末年农民起义领袖王小波、李顺主张的"等贵贱、均贫富",还是太平天国领袖洪秀全提出的"有田同耕,有饭同食,有衣同穿,有钱同使,无处不均匀,无处不饱暖"的社会纲领,都无不凸显了平等的价值意义。当然,在生产力十分落后的农耕社会,农民阶级的平等价值追求,带有严重的平均主义色彩,最终只能陷入空想,不可能成为持久的现实。

近代以来,西方资产阶级启蒙思想家赋予平等以更加深刻的逻辑内涵,从而使平等成为资产阶级反对封建专制制度革命的最有号召力和动员力的价值理念。法国启蒙思想家卢梭指出,社会平等实质上是权利平等。法国哲学家托克维尔经过深入考察,认为"平等"产生于"自由"之前,没有追求平等的激情,就不可能实现自由。美国资产阶级革命领袖杰弗逊强调:"所有的人都是生而平等和独立的。"法国《人权宣言》宣布:"法治社会贯穿最基本的原则就是人人平等。"《世界人权宣言》强调:"人人生而自由","在尊严和权利上一律平等"……总之,平等在资产阶级启蒙运动和民主革命中具有特殊的价值意义，不啻是近代社会变革与发展的力量源泉和根本动力。

当然，平等绝不是抽象的、绝对的。恩格斯深刻指出："平等的概念，无论是以资产阶级的形式出现，还是以无产阶级的形式出现，本身都是一种历史的产物。"马克思主义平等观指明，在存在着剥削制度和剥削阶级的社会里，平等不可能真正实现；只有到了社会主义社会，消灭了剥削制度和剥削阶级，全体人民当家做主，共同享有对生产资料的所有权和支配权，并在此基础上共同享有管理国家的权利，才有可能实现实质上的平等。因此说，"无产阶级的平等要求的实际内容都是消灭阶级的要求。任何超出这个范围的平等要求，都必然要流于荒谬"。（恩格斯语）社会主义制度为实现平等奠定了制度基础，提供了有利条件；社会主义社会应当比资本主义社会更高地举起平等的旗帜，将平等作为自己的价值目标和价值追求。

二、平等是社会主义的本质要求，在中国特色社会主义进程中具有特殊的价值意义

把平等与无产阶级运动有机结合起来、与社会主义本

质特征有机联系起来，是马克思主义平等观的根本内容。历史与现实表明，只有社会主义运动和社会主义制度，才能超越自然经济条件下农民阶级的狭隘平等观和资本主义条件下资产阶级的垄断平等观，开辟实现真正平等的光明大道。平等所以与社会主义有着不可分割的联系，从根本意义上说，是因为社会主义制度是实现和保证人民当家做主的制度，社会主义社会是以人民为主体的社会。马克思指出："社会主义'民主制从人出发，把国家变成客体化的人'；'不是国家制度创造人民，而是人民创造国家制度。'"恩格斯指出："一旦社会占有了生产资料"，人们就可以"成为自身的社会结合的主人了"。在社会主义社会，人民既是社会的主人，又是国家的主人，消灭剥削与消灭阶级成为可能与现实。因而，社会成员可以平等地相互对待、平等地共同管理国家和社会，于是，平等既成为社会主义社会的本质特征，又成为社会主义发展的内在要求。无论是在国家价值目标和价值导向层面，还是在公众价值理念和价值判断层面，平等都内在地成为社会主义的一个重要标志，成为社会主义核心价值观的一个重要范畴。

社会主义不是一蹴而就的，而是一个在不断解放生产力、发展生产力基础上逐步消灭阶级、消灭剥削，最终实现共同富裕的很长历史过程。因此，平等也不是一蹴而就的，平等理念的张扬、平等规则的完善、平等行为的规范、平等目标的实现，也是一个很长的历史过程。把平等作为社会主义核心价值观的重要范畴，其重大现实意义就在于，推动现实社会主义高屋建瓴而又脚踏实地地向着平等的价值目标不断迈进。

中国特色社会主义，是社会主义的现实社会形态，是科学社会主义在当代中国的最伟大实践。在推进中国特色社会主义全面发展历史进程中，将平等作为价值目标、价值导向和价值追求，具有特殊的价值意义。

首先，平等是实现人民民主的基本前提。人民民主是社会主义的生命。坚持人民主体地位是建设中国特色社会主义的首要的基本要求。民主的基本内核是人权，即作为人应该享有的基本权利。人人生而平等，平等是人权的本质属性，没有平等也就无所谓人权，更无所谓民主。从这个根本意义上说，把平等作为价值目标和价值导向，对于发展和巩固社会主义民主，确保和实现人民当家做主权利，具有基础性和前提性重大意义。

其次，平等是维护公平正义的根本基础。公平正义是社会主义的鲜明特征，是中国特色社会主义的内在要求。在我国现阶段，在经济社会发展还不平衡、一些领域和地区还存在着较大利益差距的现实情况下，正视人们对公平正义的期待，切实维护社会公平正义，尤其具有重大现实意义。公平正义的核心价值诉求是平等。当每一个社会成员都能平等地享受到他所应该享受的权利，平等地获得他所应当获得的利益，那么这个社会就一定是公平正义的。社会主义社会是以人为本的社会，国家既应保障人人享有的平等权利，同时也应保障每个人基于其社会贡献所要求得到的权利、利益与尊重。因此，维护社会公平正义，就必须从构建平等的社会关系做起，逐步建立以权利公平、机会公平、规则公平为主要内容的社会公平保障体系，努力营造公平的社会环境，保证人民平等参与、平等发展、平等享有的权利。

第三，平等是实施依法治国的必要条件。依法治国是我们的基本治国方略，法治是治国理政的基本方式。法治的根本基础是"法律面前人人平等"。没有这一基础，法治就有可能被滥用，成为强权的借口，法律也就失去其权威性和神圣性。因此，全面推进依法治国，必须大力弘扬平等的价值观，始终坚持法律面前人人平等。党领导人民制定宪法和法律，党必须在宪法和法律范围内活动。一切国家公职人员都必须严格尊重和执行宪法与法律，做遵法守法的模范。任何组织或者个人都不得有超越宪法和法律的特权，决不允许以言代法、以权压法、徇私枉法。

第四，平等是消除特权现象的锐利武器。特权现象是专制政治的产物，与社会主义性质和宗旨根本相悖。在现阶段，影响我国民主政治发展和社会和谐进步的一个突出弊端，无疑是尚还严重存在的官僚主义、以权谋私以及形形色色特权现象。正如党的十八大警示："这个问题解决不好，就会对党造成致命伤害，甚至亡党亡国。"特权是对平等的背叛，腐败是对人权的践踏。反对特权、消除腐败，最好的武器就是平等——让人人平等地参与对国家和社会的治理，让人人平等地监督党和政府，让权力在阳光下运行。党的十八大以来,以习近平同志为总书记的党中央高度重视反对特权和腐败,一方面加强制度建设,出台了一系列严格而有效的制度和规定,把权力关进制度的笼子里,一方面充分尊重民主和民意,依托人民群众的平等参与制约特权、治理腐败,短短几个月,收到了令全国人民满意、令世界各国瞩目的成效。这一社会实践生动表明,平等作为一种核心价值,具有极其深远的政治社会意义。

第五,平等是促进人的发展的强大动力。社会主义社会是以人的发展作为神圣任务和根本目标的社会。实现"每个人的自由发展是一切人的自由发展的条件"的自由人"联合体",是社会主义的终极目标。中国特色社会主义坚持以人为本,开启了实现人的全面发展的光辉历程,开辟了在经济社会发展过程中促进人的全面发展的光明路径。促进和实现人的全面发展,平等是重要基础,也是强大动力。在现代社会,平等具有更加深刻的内涵和宽广的意义。人与人之间的平等,不仅仅是指物质财富占有上的平等,更重要的是指政治地位和精神境界上的平等,即平等地尊重人的主体地位、平等地发挥人的主体作用、平等地释放人的智慧才能、平等地维护人的主人权利。人的全面发展的社会共同原则只能是平等的原则，这就是马克思主义创始人所反复强调的，真正的平等即意味着消灭一切阶级和差别。

三、深化体制和制度改革，积极培育和践行社会主义平等价值观

在全面建成小康社会，夺取中国特色社会主义新胜利的历史征程中，平等作为一种核心价值目标和价值导向，正经受着新的考验与洗礼，从而被赋予新的内涵与外延。今天我们把平等作为社会主义核心价值观的重要范畴，既不是重蹈"不患寡而患不均"的绝对平均主义，也不是照搬西方资本主义社会的平等观，而是要创造与中国特色社会主义伟大事业相适应、有利于调动广大社会成员积极性、能给广大人民带来更多机会与利益的平等价值观。这样一种平等价值观的内涵是：在坚持以发展为主题、不断解放和发展社会生产力的基础上，着力促进与实现政治领域的权利平等、经济领域的机会平等、分配领域的规则平

等以及广泛社会领域的形式平等和实质平等，从而营造更加平等公正的社会环境，确保广大社会成员有更多平等参与、平等协商、平等竞争、平等发展的权利和机会。

实践表明，积极培育与践行这样一种平等价值观，既要大力张扬平等理念，营造平等氛围，让平等内化于心；又要积极推进政治、经济、分配、社会等领域的改革，消除影响平等的体制和制度障碍，让平等固化于制，内化于心，归根到底是要外化于行，让平等真正成为社会变革与进步的价值目标、调节人与人之间关系的价值导向、规制一切社会行为的价值准则，使我们的社会真正成为平等、公平、正义的社会。

消除现实社会中某些不平等、不公正现象，需要以优化的制度作保障。制度好能促进社会平等，制度不好会引发社会分化。当前深化制度改革，营造有利于促进平等的制度环境，需要在以下几个方面予以突破、取得成效：一是积极推进以坚持人民主体地位为核心内容的政治体制改革，完善人民民主权利的保障制度，切实保障人民平等参与、平等协商的政治权利，反对特权行为，消除腐败现象。二是积极推进以司法公正为核心内容的法律制度改革，完善人权保障制度，确保法律面前人人平等。三是积极推进以公平与效率相统一为核心内容的分配制度改革，合理调节收入分配，着力提高低收入者收入水平，扩大中等收入者比重，规范收入分配秩序，有效调节过高收入，取缔非法收入，防止两极分化。四是积极推进以确保人民有序参与社会管理为核心内容的社会管理体制改革，妥善处理人民内部矛盾，实现和维护"人人共建、人人共享"的和谐社会环境。五是积极推进以保障人民基本生活为核心内容的社会保障制度改革，加快建立覆盖城乡的社会保障体系，确保所有社会成员平等享有基本公共服务。

第三节　公正

公正，是人们用以评价社会行为和社会制度及其结果的价值尺度，也是古往今来人们不断追求的理想目标。公正的实现程度，是衡量社会文明进步的重要尺度。在不同的历史时期和不同的社会制度或体制下，人们对公正的理解和践行是不同的。公正作为中国特色社会主义社会的基本价值目标和核心价值观念，既继承了人类历史上进步的公正思想的精华，又体现了一定的时代特色和制度特征。

一、公正是人们追求的重要价值目标

公正一般被理解为公平和正义的复合词。公正主要是指社会大多数人愿望或需要的社会行为和社会制度应该奉行的合理准则或价值标准。它包含公平和正义两层含义。公平通常指一种基于一定标准或原则而对待人和事的不偏不倚的态度。例如我们通常说的"要一视同仁"、"买卖要公平"、"一碗水要端平"、"孩子们同在蓝天下要享受同样的教育机会"、"权力要在阳光下运行"，等等，这些都涉及到在机会、权利和规则上的公平。正义则通常与一定的社会制度特别是法律的尊严的体现相联系，主要指制度和行为结果中应然体现的原则。在现实中，公平和正义常常难以分开。中国历史上的铁面无私、公正办案的黑脸包公，以及西方一手握天平、一手持利剑的庄严女神的画像或雕塑，形象地表明了维持公平和守护正义是不可分割的。公正通常也被作为公平或正义的同义语。

公正思想古已有之。中国古代思想家具有丰富的公平正义思想。在古人设计的理想社会中，往往把财富平均或分配公平视为重要内容。《礼记》中记载了"大道之行也，天下为公"的大同理想。孔子提出"不患寡而患不均"，主张在教育上"有教无类"。韩非子明确使用过"均贫富"概念，它在中国历史上影响深远。墨子主张爱无差等的"兼爱"，提倡利益共享，惠及人人。这些道德理想是美好的，然而在以小农经济为基础的封建社会条件下不可能实现。中国传统思想重视用公平正义原则来调节社会矛盾、实现人际关系和谐，为现代社会的治理提供了重要的思想资源。在西方，也存在着各种各样的公平正义思想。例如，从古代以基督教《圣经》提出的"上帝创世"说和"人类原罪"说为前提的公平观，到近代以人的自然权利为基础的正义观；近代从以霍布斯、洛克和卢梭等人为代表的基于契约论的公平正义思想，到以边沁、密尔等人为代表的功利主义的公正观；现代从罗尔斯的"分配的正义论"到诺齐克的"持有的正义论"，等等。特别是当代西方一些学者主张通过在社会基本结构或社会制度中体现正义，或按照正义的原则来设计社会制度，以保证社会公平的实现，这在现代社会发展中产生了积极的影响。从整体上说，西方自近代以来的公正观，体现了资产阶级"自由、平等、博爱"的观念，反映了资本主义制度的要求，具有反对封建社会不公正的历史进步性。但由于受到历史的局限或阶级的局限，以及受到抽象的人性或权利理论的局限，这些公正思想既存在着自身的缺陷，也存在着理论与现实的巨大反差。

马克思主义公正观是在批判地继承历史上公正思想的基础上产生的，并在充分吸收和借鉴当代公正理论研究成果，不断推进社会变革和社会公正发展的实践基础上与时俱进的。马克思主义创始人创立了唯物史观和剩余价值理论，并依据这些理论的基本观点和方法阐明了社会公正的思想。其主要观点是：私有制和阶级对立、阶级剥削的产生是导致社会不公正的根源；消灭阶级和剥削，实现人类解放和人的自由而全面的发展，是共产主义社会的最终目标；公正是一个历史范畴，它反映不同时代、不同社会的经济、政治和文化，并体现不同利益主体的价值诉求；公正既是社会发展的价值目标，也是社会健康和平稳发展的重要动力和保障；真正的公正是最大限度地满足和保障最广大人民群众的根本利益的实现。中国共产党人创造性地发展了马克思主义的公平观，强调分配公平，反对两极分化，把共同富裕作为社会主义革命和建设的目的。毛泽东思想强调中国革命的出发点和目的就是要破除封建社会的等级制度和等级观念，建立起新中国的公平社会。在中国特色社会主义建设实践中，邓小平理论提出平均主义不是社会主义的公平原则，主张实行按劳分配是社会主义公平的基本原则，社会主义的本质是共同富裕，要坚持先富与后富、公平与效率的辩证统一。"三个代表"重要思想和科学发展观结合中国特色社会主义建设中的新经验、新问题，进一步丰富和发展了马克思主义的公正观。

二、公正是中国特色社会主义的本质要求

公正之所以是中国特色社会主义的核心价值理念，从根本上说是由中国特色社会主义的本质要求决定的。这种

本质要求主要表现在指导思想、社会制度的本质和社会的发展等方面。

从指导思想看。马克思主义是我国社会主义革命、改革和建设的指导思想和理论基础。在中国特色社会主义的各个阶段，都始终坚持了马列主义、毛泽东思想和中国特色社会主义理论的公正观。在改革开放初期，邓小平就强调在改革开放中要注意避免两极分化，把社会公正纳入社会主义的本质规定中。"三个代表"重要思想中提出的"执政为民"的观点，科学发展观提出的全面持续的社会发展和社会和谐的思想，都蕴含了丰富的公平正义思想。党的十六届六中全会提出要"在经济发展的基础上，更加注重社会公平"。党的十七大报告提出，"初次分配和再分配都要处理好效率和公平的关系，再分配更加注重公平"。十八大报告提出，"必须坚持走共同富裕道路"，"使发展成果更多更公平惠及全体人民"。"加紧建设对保障社会公平正义具有重大作用的制度，逐步建立以权利公平、机会公平、规则公平为主要内容的社会公平保障体系，努力营造公平的社会环境，保证人民平等参与、平等发展权利。"这表明我们党和国家把保障社会公平正义摆到了更加突出的位置。

　　从社会制度的本质要求看。社会主义制度是在人类社会文明基础上发展起来的社会，应该继承或借鉴全人类的物质文明、精神文明和政治文明成果。社会主义与资本主义在社会基本制度和意识形态上有本质区别，二者在公正观念上既有一定的相似之处，但又有实质上的区别。社会主义制度的公正，不是诉诸抽象的自由和权利，而是建立在以公有制为主体、多种所有制经济共同发展的基本经济制度，以及以按劳分配为主体、多种分配方式并存的分配制度之上，建立在对全体人民的主体地位的尊重和为人民谋福祉的使命之上；在经济上，要求在阶级平等基础上发展生产和实现共同富裕，最大限度地满足最广大人民群众的经济利益和物质需要；在政治上实现人民群众当家做主，使人民群众享有最广泛的民主政治权利。社会主义的价值目标，应该是在广度和深度上超越历史上其他社会制度的公正，也是能够具备实现途径的真正意义上的公正。中国特色社会主义社会不是脱离人类文明大道而发展的，它在坚持科学社会主义的基本原则上，注意吸收古今中外在公正观念和公正实践方面的优秀成果，理直气壮地宣示和践行公正的理念。

从社会发展的过程看。中国特色社会主义是前无古人的伟大事业。合理配置社会资源的我们目前尚处在社会主义初级阶段，包括社会分配、社会保障制度在内的一些社会制度或体制相对滞后。在全球化不断扩展，社会改革日益深入和社会体制处于转型期这一大背景下，社会资源配置的矛盾、不同利益主体的矛盾、分配不公和贫富差距的矛盾比较突出，公正问题成为人民群众关注的重点问题。公正作为评价和规范社会制度和人们行为的合理性的价值范畴，社会公正要求社会对权利和义务的合理配置，这对于调节社会关系，帮助人们正确认识和解决社会矛盾和冲突，积极构建和谐社会具有重要意义。能否坚持公正思想，在实践中解决好公正问题，关乎执政党和国家发展的命运，关乎中国特色社会主义发展的前途和命运。公正的实现是一个渐进的过程，需要我们持续而艰苦的努力。强调公正意识，促进公正实现，是完善和发展中国特色社会主义的迫切需要。

三、在知行统一中培育和践行社会主义公正观

公正观是中国特色社会主义核心价值观中的一个重要理念，它具有很强的现实性和实践性。在培育和践行公正观的过程中，一要坚持辩证理解，二要做到知行统一。

培育和践行公正观，首先要对公正做辩证的理解，即把公正作为具体的、历史的、社会的范畴来理解，切忌简单化和片面性。中国特色社会主义的公正观，同社会主义制度和实践有着密切的联系。在阐释和宣传公正观时，要同社会主义社会发展的初级阶段这一基本国情结合起来，把公正放在理想与现实、近期和长远、个人与社会的辩证统一中来加以理解。公正既不是遥不可及的理想目标，也不是召之即来的嗟来之物。公正的实现是一个历史过程。从某种意义上说人类社会就是一个不断追求社会公正目标的过程。中国特色社会主义社会也是一个经过不断奋斗而逐渐全面实现社会公正的过程。社会公正的实现不能光靠

热情，更不能靠幻想。社会主义的公正，既不是贫穷基础上的公正，也不是搞平均主义。在改革开放过程中，为了解放和发展生产力，调动人民群众的积极性，实行一部分人先富起来，在一定阶段上提出"效率优先、兼顾公平"，这是符合中国国情的。随着经济的迅速发展和一定范围城乡差距和贫富差距的拉大，就应该把公平置于更加重要的位置，重视解决"先富"和共同富裕之间的矛盾，以及公平和效率的矛盾。对待这些问题，既不能掉以轻心，也不能急于求成。公正是一个价值概念，同一定的主体利益和愿望相联系，但这并不等于说社会公正是完全相对的，没有一定的客观标准。对于中国特色社会主义条件下的公正来说，是存在一定的客观标准的，如是否符合社会主义制度的根本要求，是否符合大多数人民群众的总体的长远的利益，是否符合国家的法律制度的要求等。

培育和践行公正观，还必须做到知行统一。这里包括两个方面。一是要善于对国内外社会实践中有关公正的问题和经验进行总结和概括，开阔视野，增强问题意识和实践意识，帮助群众和青年学生进一步认识中国特色社会主义在社会公正方面建设的成就和存在的问题，强化公正理论研究和宣传的时效性、针对性。另一方面，要在公民中，特别是领导干部、行政人员、执法人员中大力倡导公平做事、公正做人、维护正义的风尚。不能把公正的口号束之高阁，而要落实到行动上、政策上和制度上。公正理念应成为政策和制度制定的价值底线。政府要努力加大解决群众普遍关心的教育、医疗、分配和社会保障体系等问题的力度，使人民群众切身感受到现实生活中的公平公正。实现社会公正需要全体公民的积极参与。要让公正理念真正成为人民群众自觉接受的社会主义理念，让人民群众自觉参与到确立和维护社会公正的行动中去。

第四节 法治

党的十八大将法治定位为治国理政的基本方式，定位为我们所要倡导的核心价值理念，提出要深入开展学习教育，积极培育和践行。法治价值观的确立，是社会主义初级阶段总布局总任务的必然要求，是国家治理转型的价值追求,是党六十余年执政的历史经验,是社会主义核心价值体系建设的内在要求。积极培育和践行法治价值观,方能为实现中华民族复兴梦保驾护航。

一、深入理解中国特色社会主义法治价值观

理解和诠释法治价值观,应当将中国特色社会主义法治理论体系、中国特色社会主义法治道路和中国特色社会主义法律制度结合起来。

法律至上是法治价值观的首要要求。法律至上要求树立宪法和法律权威,即已建立的法律秩序获得普遍的服从。维护法律权威,必须确立法律是人们生活基本行为准则的观念。它意味着必须维护社会主义法制的统一。维护社会主义法制的统一要坚决反对地方保护主义、部门保护主义,严格执行法律以制止破坏社会主义法制统一的行为。通过认真实施法律、加强法律监督来确立法治的公信力。法治价值观要求至上的法律必须为"良法"。即良法之治。良法,即符合社会主义初级阶段需要的,体现最广大人民利益与意志的法律。法律反映社会主义初级阶段生

产力的要求，不能超出一定的经济基础而超前立法，也不能不顾生产力的发展而滞后立法；法律体现最广大人民的根本意志，为广大人民实现当家做主权利提供条件，旨在维护、实现和发展好最广大人民群众的根本利益；法律应当符合自身发展规律，体系合理，内在协调，能实现法自身的科学发展。

　　法治价值观要求坚持人民主体地位、切实保障公民权利。以人为本是科学发展观的核心要求。社会主义法治的目的在于通过法治实现人的全面发展，从人民群众的根本利益出发制定和实施法律，切实保障人民群众的经济、政治、文化和社会权利。法治价值观要求尊重和保障人权。2004年，尊重和保障人权载入宪法。衡量社会主义法治的终极标准是能否有效保障人民权利、回应人民诉求、满足人民期待。防止权力滥用、制约和监督权力是法治价值观的基本蕴涵，也是保障人权的必然要求。权力之间必须实现分工与制约，这是法治的重要原则，即在党的领导下坚持人民代表大会根本制度，建立各负其责、互相监督的权力架构。权力要受到法律的制约，接受法律的监督。权力行使是一种责任，怠于行使或滥用职权，都是失职渎职，应当承担法律责任。权力受到监督是法治国家的基本准则。违法行使权力必须受到法律追究。

二、法治是当代中国的核心价值理念

法治作为当代中国的核心价值理念，是历史与现实的必然，是依法治国、执法为民、公平正义、服务大局、党领导社会主义法治理念发展的必然，是党在新时期推进社会主义核心价值体系建设的必要。

我国处于并仍将长期处于社会主义初级阶段，这是一个基本国情。法治确立为我们所倡导的核心价值观之一，是十八大基于社会主义初级阶段总依据，从"五位一体"总布局和"实现社会主义现代化和中华民族伟大复兴"总任务出发而提出。市场经济是法治经济。市场经济的主体确认、运行规则、责任追究都仰赖法律制度及其实施。通过法治实现民主，是真正保障人民主体地位，有效实现人民民主、保障人民权益的途径。法治是先进文化的制度保障，先进文化为法治提供伦理与精神的基础。法治与先进文化价值同向，互动促进。社会和谐稳定与生态文明建设，没有一定的法律制度保障，没有法治精神和法治文化作为支撑，只是"沙滩上的城堡"，是美丽的空中楼阁。从总依据、总布局和总任务出发，法治确立为核心价值观是势所当然。

将法治确立为核心价值观，是国家治理转型的价值追求，是现代国家实现善治的必然要求。中国共产党作为社会主义现代化建设各项事业的领导核心，怎样带领各族人民实现共同富裕，建设富强、民主、文明、和谐、美丽的现代化国家，是党一直在思考和从事的事业。总结60余年来党执政的历史经验，新形势下，党要率领人民实现国家富强、民族振兴、人民幸福的伟大中国梦，必须依据党章从严治党、依据宪法法律治国理政，必须将法治确立为核心价值观，以之引领社会思潮、凝聚社会共识。

十八大从国家、社会、个人三个层面凝练核心价值观，把民族精神与时代精神、借鉴域外文明与传承中国文化、人类共同文明与中国特色国情有机统一起来。构成社会主义核心价值体系的各个层面价值观存在交织融合、相互促进的关系。法治贯穿于践行富强、民主、文明、和谐之中，是实现国家富强民主、促进社会文明和谐的保证，而法治践行仰赖后者提供可靠的物质基础、制度基石、文化底蕴和社会氛围。法治是爱国、敬业、诚信、友善的守护神，通过惩治不符合个人主流价值观的行为提供价值导向功能，而法治践行有赖于爱国、敬业、诚信、友善价值观提供守法意识的土壤和规则实施的道德基础。法治同自由、平等、公正相互融合，相辅相成。法治的目的在于实现每一个个体的自由发展。缺乏法治的自由是无限度的自由，社会将陷入"丛林法则"的无序。法治是实现公平正义的制度保障，内在地蕴涵着平等和公正。通过法治的强有力保障才能让人民共同享有人生出彩的机会，共同享有梦想成真的机会，共同享有同祖国和时代一起成长与进步的机会。在全社会实现公平和正义，让人人享有公平正义的阳光，是社会主义法治的价值追求。

三、积极培育和践行法治价值观

中国梦，归根到底，是人民的梦。国家富强、民族振兴、人民幸福，必须通过法治来实现。一定意义上讲，中国梦，也是法治梦。积极培育和践行法治价值观，要求我们坚持中国法治道路、弘扬中国法治精神、凝聚中国法治力量，方能实现法治中国梦。

积极培育和践行法治价值观，必须坚持中国法治道路，加快法治国家建设。中国特色社会主义法治道路是党领导人民在长期法治建设实践中探索形成的，是经过实践证明符合中国国情、反映法治规律的正确道路。坚定中国法治道路，必须坚持党的领导、人民当家做主和依法治国的有机统一。这是中国法治建设的核心问题。对宪法法律负责与对党负责、对人民负责具有一致性。坚定中国法治道路，必须坚持依法执政，加强和改进党对法治建设的领导。新形势下，依法执政必须坚持党在宪法和法律范围内活动，真正做到党领导立法、保证执法、带头守法。依法执政要求加强和改进党对法治建设的领导，即进一步理顺党委与人大、政协、政府、司法机关以及人民团体等各方面的关系，推动党的主张通过法定程序成为国家意志，协调统筹推进法治国家建设。坚定中国法治道路，加快法治国家建设，必须既要重视顶层设计，也要重视摸着石头过河的探索。法治建设需要高超的政治智慧，需要专门的法律技巧，需要纵向地分析当代中国法治建设的历史方位，横向地参考国际法治发展趋势并紧扣中国经济社会发展的实际，坚持依法治国、依法执政、依法行政共同推进，坚持法治国家、法治政府、法治社会一体建设，通盘考虑作出科学合理的规划。

积极培育和践行法治价值观，必须弘扬中国法治精神，加强法治文化建设，建设中国特色社会主义法治文化。法治精神是法治社会普遍尊崇的法治价值追求的总和，而法治文化是法治精神普遍化实践和实现的结果。近现代法治发源于西方，西方资本主义国家法治发展到现在已经历数百年历史，其法治文明有益因素应当为我们借鉴学习。中华古代法制文明中存在诸多有益于我国法治建设的因素，比如德主刑辅、礼法共治、息讼止争等，均值得我们今天细加分析借鉴，要看得起、不自大、善梳理、勤学习、勇扬弃。积极培植和践行法治价值观绝非一日之功，既不能统统照搬、全盘抄袭，也不能以邻为壑、逢西必反，而要坚持拿来主义，善于借鉴西方法治文明，努力传承中华古代法制文明，认真总结新中国成立以来的法治建设经验，培养高度的文化自觉和文化自信，才能实现法治文化的自强。

积极培育和践行法治价值观，必须让法治软实力发挥力量，成为推动实现伟大中国梦的正能量。法治是一种软实力，力量的发生在于法律得到普遍的信仰和遵守。法治力量不仅仅在于惩治、规范，更在于以"随风潜入夜、润物细无声"的方式成为公民的内心信仰和行为准则。任何人都应当遵守法律，违反法律应当平等地接受法律制裁。法治因实施而生公信力，因公信力而产生强大的力量。法治的力量还在于亲和力。法治亲和力在于人们坚信法治、坚持依法办事，不再信权不信法、信访不信法。法治软实力的产生还要求激发公民守法意识。伴随市场经济而涌入的物欲主义、拜金主义等导致社会道德价值取向产生混乱，判断"是非"、"善恶"、"美丑"、"荣辱"的标准丧失基本准则，一些行业、领域、地方存在不以荣为荣，反以耻为荣，不以守法为荣，反以违法为荣的道德倒错现象。比如，中国式过马路、小悦悦事件、"潜规则"问题，等等。必须继续深入开展全民普法教育，加强法制宣传教育，增强全民法律素质，推动全民守法意识的确立。

积极培育和践行法治价值观，需要将法治融入核心价值体系协同推进，传递释放正能量。十八大从国家、社会、个人三个层面来界定核心价值观，三个层面三足鼎立，一体同向，共同服务于社会主义现代化建设事业。践行法治为核心价值体系建设提供法治思维和规则意识，而将法治纳入核心价值体系一体建设、协同推进则能实现相互促进，达到整体最优。唯有坚定法治道路，弘扬法治精神，凝聚法治力量，才能为实现伟大中国梦保驾护航；只有系统性激发社会主义核心价值体系正能量，才能实现中华民族伟大复兴的中国梦！

第四章　社会主义核心价值观之爱国、敬业、诚信、友善

第一节　爱国

爱国，既是人的自然情感，也是每一位公民对祖国所负有的责任和义务。经过漫长的历史锤炼，爱国主义已经深深地融入中华民族精神的内核，成为中华民族的宝贵性格。在新的历史条件下，我们爱国，就是要热爱祖国河山，捍卫国家领土完整和主权统一；热爱骨肉同胞，积极维护民族团结；热爱民族优秀文化，推进中华文化的创新发展；热爱社会主义制度，坚持走中国共产党带领人民开拓的中国特色社会主义道路。积极践行社会主义爱国观，需要我们坚持爱国主义与国际主义、爱国与强国的辩证统

一及国家利益、集体利益与个人利益的辩证统一。

一、爱国不唯是人的自然情感，亦是公民对祖国的应尽义务

爱国，即热爱祖国，指的是人们对生养、哺育自己的国家的爱戴之情、认同之意和归属之感。"爱国"情感从根本上是指向主体所赖以成长的家国与同胞的。可以说，对祖国的热爱和眷恋是人类普遍具有的一种自然情感。无论在何种文化传统下，"祖国"这一字眼总是能够在人们内心激起高度的认同感和强烈的归属感。

爱国不唯是人的一种内在的自然情感，而且也是公民对祖国的应尽义务。我们不仅应在情感上热爱自己的祖国，更应在行动上保国、卫国和护国。一方面，将热爱祖国的自然情感外化为保家卫国之义务的做法，是爱国情感的自然延伸；另一方面，只有每个人在行动上尽到了爱国的义务，我们才能更为充分地享受国家为每个人之生存发展所提供的保障。这里的逻辑并不复杂：离开每一公民在行动上对国家的拥戴和奉献，国家的存续本身都难以为

继，公民还怎么能奢望从国家那里获得生存的安全和发展的保障呢？故此，就连主倡个人主义价值观的西方资产阶级学者、被誉为现代自由主义传统之开创者的约翰·密尔也不得不承认："每个人既然受着社会的保护，每人对于社会也就该有一种报答"。

爱国主义精神是中华民族精神的核心，是中国精神的重要内容。

中华民族之所以能够缔造出延续五千年而不绝的灿烂文明，之所以能够经历百年屈辱而实现"民族独立梦"，之所以能够在短短数十年内创造出惊人的发展奇迹从而更加接近伟大的"民族复兴梦"，重要原因就在于爱国主义是中华民族的宝贵性格，是我们伟大民族精神的核心，是中国精神的重要内容。

爱国主义是中华民族战胜艰难险阻、实现民族独立的强大精神支柱。五千年的中华文明史是一部充满内忧外患的历史。但是，勤劳勇敢的中华民族在各种灾难面前从来没有被吓倒过，而是以爱国主义的精神传统谱写了自己可歌可泣、多难兴邦的历史。新民主主义革命时期，中国共产党人正是高扬马克思主义和爱国主义的旗帜，凝聚起全国最广泛的抗日民族统一战线进行艰苦卓绝的反侵略战争，以求中华民族之独立；与国内强大的封建主义和官僚资本主义势力展开生死斗争，以求中华民族之自立，最终赢来了"中国人民站起来了"这一面向全世界的庄严宣告。

爱国主义是推动我们实现民族复兴的强大精神动力。所谓"民族复兴"，就是在经济、政治、文化、社会等各个领域里恢复中华民族过去长期享有的领先世界其他国家的大国风采和地位。独立和复兴是相辅相成的。独立是复兴的基础，民族不独立，就根本谈不上复兴；复兴是独立的保障，国家不振兴，现有的独立也难以长期维系。新中国成立之初，我们面临的是百年战火侵扰留下的满目疮痍和一穷二白，是发达帝国主义国家的敌视和封锁。社会主义新中国之所以能够在这样的基础上和环境中屹立起来，关键的一条，就是靠中国人民对社会主义新社会和美好生活的无限向往，就是靠中华儿女的自力更生、艰苦奋斗和对祖国的赤诚之爱。改革开放以来，我们为汇集最广泛的力量以促进现代化建设，高举的同样是爱国主义旗帜。这是我们在短短数十年内取得举世惊叹的傲人成就、比以往任何时候都更加接近民族复兴梦想的强劲动力所在。

党的十八大报告在新的历史起点上为我们提出了新的任务，这就是"两个一百年"的奋斗目标。实现"两个一百年"的奋斗目标除了要求我们必须坚持中国道路、中国理论和中国制度外，还要我们坚持和弘扬伟大的中国精神。中国精神的重要内容就是以爱国主义为核心的民族精神。我们只有始终高举爱国主义的伟大旗帜，巩固和加强全国各族人民的大团结，巩固和加强海内外中华儿女的大团结，巩固和壮大最广泛的爱国统一战线，才能够广泛凝聚中华民族的一切智慧，才能够形成更好推进民族复兴伟业的磅礴力量。

二、社会主义爱国观具有明确而具体的内涵

不同社会的爱国观是不同的；同一社会在不同的时期对公民所提出的爱国要求也是不同的。在当代中国，爱国，就是要热爱祖国河山，捍卫国家领土完整和主权统

一；热爱骨肉同胞，积极维护民族团结；热爱民族优秀文化，推进中华文化的创新发展；热爱社会主义制度，坚持走中国共产党带领人民开拓的中国特色社会主义道路。

热爱祖国河山，捍卫国家领土完整和主权统一。领土是一个国家、一个民族赖以存续和发展的生命线。中国幅员辽阔，山水秀丽多姿。在这片美丽富饶的土地上，中华民族世代栖息繁衍，并凭借着自己的勤劳勇敢创造出了辉煌灿烂的中华文明。爱国的基本要求之一就是要热爱祖国的大好河山，坚决捍卫国家领土完整和主权统一，这是每一位中国人所肩负的不可推卸的神圣使命。

热爱骨肉同胞，积极维护民族团结。构成国家主体的是广大人民。在我国，广大人民是国家的主人。因此，爱国的另一要求就是爱民，也就是热爱自己的骨肉同胞。中国是一个多民族国家，中华民族是一个以汉族为主体的包含55个少数民族在内的大家庭。对于每一位中国人而言，社会主义爱国观要求我们始终以中华民族的整体利益为依归，在坚持民族平等原则的基础上积极维护民族团结，努力推进各族人民的共同发展和共同繁荣。

热爱民族优秀文化，推进中华文化的创新发展。文化是民族的基因和血脉。爱国的又一要求就是热爱中华民族的优秀文化创造。传统文化在今天仍然是识别中华民族的重要密码，而原本产生于西方的马克思主义之所以能够在中国生根发芽并不断成长壮大，重要原因就在于中国传统文化的土壤与马克思主义理论之间有着一种天然的亲和力。我们一直谈论的马克思主义中国化，也就是马克思主义基本原理与中国的历史文化及现实国情的结合。热爱中华民族的优秀文化创造，要求我们不断增强文化自信和文化自觉，以礼敬自豪的态度对待我们的优秀传统文化，并不断地推动中华文化实现新的创造性发展。

热爱社会主义制度，坚持走中国共产党带领人民开拓的中国特色社会主义道路。"国家"总是意味着一个具体的、拥有一整套制度体系的有机体；脱离制度和组织的抽象的国家是不存在的；与之相应，爱国也总是离不开对所爱之国相应制度的坚持和维护。热爱社会主义制度，更加自信地坚持、开拓中国特色社会主义道路，是社会主义爱国观的题中应有之义。

三、做社会主义爱国观的积极践行者

社会主义爱国观是直面实践的,实践性是社会主义爱国观的本质属性。社会主义爱国观的重要价值和意义也只能在公民身体力行的实践中来实现。积极践行社会主义爱国观,需要我们坚持爱国主义与国际主义的辩证统一、爱国与强国的辩证统一,坚持国家利益、集体利益和个人利益的辩证统一。

坚持爱国主义与国际主义的辩证统一。我们所倡导的爱国主义不是狭隘的民族主义。有些西方学者往往把两者混为一谈,如英国哲学家罗素曾说:"爱国主义就是积极地为了微不足道的原因杀人并被杀"。爱尔兰戏剧家乔治·萧伯纳宣称:"除非你把爱国主义从人类中驱逐出去,否则你将永远不会拥有一个宁静的世界。"上述资产阶级学者从根本上扭曲了爱国主义的真实内涵,并把它谬解为狂热的、盲目的、非理性的情感。西方人把爱国等同于盲目的、在仇视其他一切国家和民族的基础之上对自己国家的一种病态拥护这一做法是可笑的。中国文化历来强调"推己及人"、强调"老吾老以及人之老"、强调爱己爱国的同时协和万邦。中国共产党人继承并发扬了中华文化的这一优秀传统，积极倡导爱国主义精神，同时主张和平共处的国际交往原则，并始终坚持和平发展，承诺永不称霸，积极维护国际和平与世界和谐。总之，社会主义爱国观不是狭隘的民族主义，积极践行社会主义爱国观应坚持爱国主义与国际主义的辩证统一。

坚持爱国与强国的辩证统一。爱国不是一瞬即逝的心灵悸动，而是坚定、执著的恒久信念；爱国不是抽象空洞的口号，而是能够落在真处、行在实处的力量。爱国确是一种情感，更是一种合于理性的情感；爱国需要一腔热血，但不能仅凭一腔热血。践行社会主义爱国观，应当坚持爱国与强国的辩证统一。当今世界，和平与发展仍然是时代的主题，天下并不太平，阻挠、干扰中国和平发展的某些国际因素仍然存在。面对各种干扰，我们要始终保持沉着的心态和冷静的头脑。对于每一位中国公民来说，真正的爱国意味着我们懂得珍惜并牢牢抓住当前宝贵的发展机遇期，把满腔的爱国热忱化为振兴国家的现实行动，坚定不移地把改革开放和中国特色社会主义建设事业推向前进。

坚持国家利益、集体利益和个人利益的辩证统一。崇尚国家利益和集体利益，在个人利益与国家利益、集体利益相冲突时主张牺牲个人利益而捍卫国家利益和集体利益，是社会主义爱国观的基本价值取向。但这并不意味着社会主义爱国观排斥、否定个人利益。正如同没有国就不可能有家一样，没有国家利益和集体利益做保障，个人利益最终也会无从谈起；个人在为国家作贡献的过程中实现了自己的社会价值，国家的发展、民族的振兴同样会有助于个人价值的实现。正如习近平总书记所指出的，"中国梦是民族的梦，也是每个中国人的梦。只要我们紧密团结，万众一心，为实现共同梦想而奋斗，实现梦想的力量就无比强大，我们每个人为实现自己梦想的努力就拥有广阔的空间"。只要我们积极践行社会主义爱国观，坚持国家利益、集体利益和个人利益的辩证统一，生活在我们伟大祖国和伟大时代的中国人民，就都"共同享有人生出彩的机会，共同享有梦想成真的机会，共同享有同祖国和时代一起成长与进步的机会"。

第二节 敬业

在十八大报告所倡导的社会主义核心价值观中，敬业是一个针对公民个人行为的重要价值要求。作为价值要求，敬业不仅仅是一种工作伦理或职业道德，更是一种人生价值观和人生哲学观。敬业为什么能成为社会主义核心价值观的内在要求？敬业价值观的内涵和精神是什么？如何使敬业价值观变成公民个体的工作常规和生活动力？厘清这些问题，对于培育和践行社会主义核心价值观至关重要。

一、敬业精神概述

敬业精神是人们从事职业活动的一种总体态度和精神状态，它是职业道德的精神内核，由于人们的社会价值主要体现在人的职业活动中，因此，一个民族整体对待职业的态度即是否具有敬业精神，也就成为一个民族文化精神的集中体现，并因此而对该民族的经济社会发展产生重要的影响，敬业精神也就成为一定民族精神和民族性格的重要表现。因此，从严格的狭义上说敬业精神只是人们对待职业的总体态度，是职业道德的部分内容，而从广义上来说它也是一定民族国家的文化精神和民族精神的集中体现。1904年，德国伟大的哲人马克斯韦伯到美国考察，他发现美国的经济非常繁荣，各行各业欣欣向荣，他在考察其原因时指出，正是美国的文化和宗教因素，很大程度上促成了美国资本主义的兴盛。他发现，任何一项事业背后，必然存在着一种无形的精神力量。从欧洲逃到美国的新教徒们的教义，作为一种进取有为、勤奋敬业的力量，有力地推动了美国经济的蓬勃发展。这就是他在其名著《新教伦理与资本主义精神》一书中所告诉人们的重要理论发现和结论，这种思想在各国现代化过程中产生了重要的影响。可见，培育人们的敬业精神对于促进一定民族经济社会发展、文明进步甚至培育民族精神都具有重要意义。

一般来说，敬业精神，就是指职业人对待职业及其活动的总体态度和精神状态，它主要包含如下几个方面的内容：第一，对职业价值与意义的高度认同；第二，热爱职业的情感态度；第三，积极主动的意志品质；第四，勤业精业的行为意向。作为一种精神，自然是职业道德中的意识性要素，完整的意识和精神包含人的心理的知情意三方面的内容，知情意的统一就成为一种信念，不仅如此，道德是一种实践精神，这种实践精神作为一种特殊的意识是直接指向实践的一种意识，或者说这种意识具有某种行为的趋向，因此，勤业精业的行为意向也是敬业精神的重要内容。从总体上看，敬业精神就是人们在对职业的价值、意义与使命有高度认知基础上形成的一种对职业的崇敬、虔诚、敬畏、热爱、专心、积极主动、开拓创新、忠于职守、勤奋认真、锲而不舍、精益求精的心理和精神状态。

二、敬业之理论与实践依据

在社会主义核心价值观系统中，每一个所倡导的价值观都涉及一个特定领域，规范和调节某种特定的社会关系。敬业所涉及的是公民个人与生产劳动、职业活动之间的价值关系。敬业之所以能成为社会主义核心价值观的基本要求，有深刻的理论、历史与实践依据。

敬业是对待生产劳动和人类生存的一种根本价值态度。敬业之"业"，涵盖了人们所从事的一切促进人类生存与发展的劳动领域和工作领域，而劳动和工作正是人类社会存在和发展的基础。对劳动和工作的珍视，本质上就是对人类社会生存和发展根基的珍视。敬业所以能成为社会主义核心价值观的基本要求，本质上就是由劳动和工作的重要地位决定的。从哲学历史观的高度审视，敬业价值观所规范的内容，触及到人类社会生存和发展的基础。依据历史唯物主义观点和人类社会发展的事实，生产劳动是人类社会生存和发展的基础。劳动不仅创造了人本身，也推动着人类社会不断向前发展。没有生产劳动就没有人类社会，也就没有全部的人类社会生活。从远古的石器时代发展到今天的知识经济时代，始终是生产劳动支撑着人类社会的生存和发展。这就是人类社会的基本事实。马克思曾说："任何一个民族，如果停止劳动，不要说一年，就是几个星期也要灭亡。"要而言之，生产劳动的重要性决定了敬业价值观的必然性和重要性。

敬业价值观有悠久深厚的历史积淀，为各个时代和民族所珍视。在人类历史发展的漫漫长河中，各个时代和各个民族都非常珍视敬业的价值。在不同民族所概括和提炼的各种价值要素中，很多价值都是以劳动和工作为轴心确定的。勤奋敬业、吃苦耐劳、精益求精、一丝不苟、任劳任怨、脚踏实地等，既是对人类劳动态度的价值描述，也是各时代各民族所珍视的优秀劳动品质。中华民族作为一个智慧和勤劳的民族，素以刻苦耐劳著称于世。在中华民族的精神发展史上，吃苦耐劳、艰苦奋斗、愚公移山历来被视为最伟大、最珍贵的品质。与中华民族一样，世界上的一切优秀民族在其历史发展过程中，都视勤奋敬业为一种珍贵的精神价值和品质，都有一部艰苦卓绝的创业史。在当今一些西方发达国家，强烈的职业感、职业精神、创业精神为大多数人所普遍重视。从这里可以看出，敬业价值是一种具有深厚历史积淀的价值，同时也具有生生不息、历久弥新的强大生命力。

敬业是实现"中国梦"的动力之源。把敬业作为社会主义核心价值观的基本要素加以倡导，也有充分而深刻的实践依据。这就是中国特色社会主义的伟大实践，就是实现中华民族伟大复兴的"中国梦"。在当今中国，实现中华民族的伟大复兴，已经成为13亿中国人最伟大的梦想，这个梦想的实质就是国家富强、民族振兴、人民幸福。梦想总归要变成现实，从梦想到现实的转变必然是一个艰苦卓绝的过程，需要艰苦奋斗，需要勤奋敬业，需要拼搏奉献。中国共产党人带领中国人民进行改革开放所创造的奇迹，就是艰苦奋斗、苦干实干的结果。实现中华民族伟大复兴的"中国梦"依然需要苦干实干。从这个意义上说，敬业价值观就是实现"中国梦"的动力之源。习近平同志多次强调"空谈误国，实干兴邦"，并指出："幸福不会从天而降，梦想不会自动成真。实现我们的奋斗目标，开创我们的美好未来，必须紧紧依靠人民、始终为了人民，必须依靠辛勤劳动、诚实劳动、创造性劳动。

三、践行敬业价值观之路

社会主义核心价值观重在培育，要在践行。不培育，敬业价值观不会自动生成；不践行，一切美好的理论和蓝图都会成为空谈。践行敬业价值观的途径很多，这里简要指出两个最重要的、最现实的方面。

确立强烈的职业感和职业精神是践行敬业价值观的基础。质言之，职业感和职业精神就是对待职业和工作的执着精神。政治家的公共服务精神、科学家的探索精神、学者的坚守精神、教师的教书育人精神以及普通劳动者干一行爱一行专一行的专注精神，都是职业感和职业精神的体现。没有职业感和职业精神，什么工作也不会做好，什么事情都可能半途而废。因此，培育和践行敬业价值观，首先要从培育和践行职业感、职业精神做起。培育和践行职业感、职业精神难也不难。不难是因为做好很多工作并不需要投入多大的物力财力，也不需要太优越的客观条件；难就难在它需要精神的贯注和执著，需要持之以恒、终始如一的坚守精神，有些时候甚至还需要耐得住寂寞、忍得住孤独的意志品质。而这后一点恰恰也是很多人不能取得成功的原因所在。培育和践行敬业价值观的关键是要有始终如一的坚持精神，关键是要有"人不知而不愠"的寂寞胸怀。

践行敬业价值观要加强学习、增强本领和本事。衡量一个人是否敬业，不仅要考察其工作、事业的精神层面，也要考察其工作、事业的客观效果层面。一个人的工作业绩和社会贡献无疑是衡量其敬业价值观的客观标准。要使一项工作或事业产生切实的成果，就不仅仅需要工作的热情、工作的投入和工作的品质，还需要工作的能力和本事。只有热情而无工作能力与本事，是不会产生良好工作成果的，恰像一朵不结果实的花，其敬业精神也会大打折扣。敬业不能空谈，敬业与财富的创造、工作的推进、事业的发展息息相关。"打铁先要自身硬"，没有本事肯定会误事，也可能会做蠢事、做错事，会导致工作失败或发展受挫。因此，为了使敬业价值观落到实处，为了使敬业精神切实产生有益的效果，每个人都需要加强学习，增强本领和本事。

从推进中国特色社会主义建设事业的宏观视野审视，加强学习、增强本领具有客观的必然性和重要性。首先，我们从事的是新的事业，新的事业需要新的本领和本事，而我们在很多方面还缺乏这样的本领和本事。其次，当今世界知识更新的速度不断加快，一个人不学习必然会落后于时代，这也是一个客观事实。习近平同志在论及领导干部加强学习、增强本领的重要性时指出："全党同志特别是各级领导干部，都要有本领不够的危机感，都要努力增强本领，都要一刻不停地增强本领。只有全党本领不断增强了，'两个一百年'的奋斗目标才能实现，中华民族伟大复兴的'中国梦'才能梦想成真。"这是对全党的要求，是对各级领导干部的要求，也是对每一个普通工作人员的要求。要做好你所承担的工作，要履行好你所肩负的职责，就必须要加强学习，增强本领和本事。这就是敬业价值观在当代中国的最现实的一个要求。

"天道酬勤"。一个有敬业精神的人必然是一个有勤奋意识的人。将工作看作是一种神圣使命的人，必然是一个不懒惰而非常勤奋的人，他们是非常珍惜时间的人，认为"时间就是生命"、"时间就是金钱"，他们从不虚度时光，不仅如此，他们还特别重视工作的效能感，单位时间做工率，他们可能是提前上班、推后下班的人，他们可能是比别人多干活的人，他们可能是跑在时间前面的人，他们是坚持今日事今日毕的人。没有勤奋，将一事无成，成功=99%勤奋+1%天才，懒惰使人得病，由此必然缩短寿命；懒惰如同锈蚀，要比劳作更快地消耗生命。你如热爱生命，切不要浪费时间，因为时间就是生命。

人总是要有一点精神的，如果职业人普遍具有敬业精神，一个民族其成员如果具有普遍的敬业精神必然会作为一种深刻而强大的精神力量，必将推动该社会经济与社会事业的发展。因此，敬业精神的培养是职业道德与社会道德建设、文化精神塑造和民族精神培育的重要内容。

第三节 诚信

何谓"诚信"？"诚信"包括"诚"和"信"两个方面，在古代典籍中，"诚"的意义相当广泛，不仅涉及道德理想、个人修养和人际交往等人类社会生活的诸多领域，而且还作为一个哲学概念存在，体现先哲对世界本原、万物之源的思考。但"诚"作为一种伦理道德，具有诚实无欺、真实无妄的意思。"信"在古代最初是指在神跟前祈祷时实事求是、不敢妄言，后来用在人际关系上，其意思是讲究信用、遵守诺言。总之，在中国传统道德中"诚信"的基本内涵就是诚实守信，就是忠诚老实、诚恳待人、表里如一、言行一致、讲信用、守承诺。

作为中国传统道德规范的"诚信"之德，是中华民族的传统美德，这种传统美德在中华民族的历史延续中已内化为我们民族的一种民族特性，成为中华民族思想文化传统的重要组成部分。历史的发展说明，"诚信"这种中华民族的传统美德，对中国社会优良道德风尚的形成，对中华民族的团结、和谐和发展，产生过非常重要的作用。今天，我们加快推进社会主义现代化，仍然需要继承和发扬中华民族的这种传统美德，珍惜这份来之不易的宝贵财富。

一、"诚信"是立国之本

在中国传统道德中"诚信"的内涵相当丰富，但其首要的一个就是诚实，也就是忠诚老实。忠诚老实对一个国家来说就意味着要忠实于人民。忠实于人民是一个国家的立国之本。因为从理论上说，人民群众是决定一个国家前途和命运的根本力量。历史唯物主义告诉我们。生产力是人类社会发展的根本动力。生产力与生产关系的矛盾运动推动着人类历史由低级向高级发展。无论是社会生产力，还是代表历史发展要求的生产关系的革命，其主体都是人民群众。正是作为生产力中最活跃、最革命因素的人民群众，不但创造了社会的物质财富，也创造了社会的精神财富。正是代表生产力发展要求的人民群众的社会革命推动了生产关系乃至社会制度的变革，为人类社会的发展开辟了前进的道路。从实践上看，任何一个政党，任何一个国家，如果忠实于人民，为人民的利益着想，就兴旺发达。中国共产党在建党之初是个仅有几十个党员的小党，其占中国人口的比例之低与世界上其他政党相比是罕见的。那么为什么中国共产党不但在短时间里由建党之初的几十个党员发展壮大为今天拥有六千六百多万党员的执政党，而且领导人民战胜了比自己强大得多的国内外敌人，建立了社会主义新中国，并初步取得了改革开放和社会主义现代化建设的胜利呢？答案只有一个，这就是我党自成立之日起，就在忠实地代表自己阶级利益的同时，忠实地代表着中国最广大人民群众的利益。

因此，作为执政党的中国共产党在治理国家中一定要坚持忠实地代表我国最广大人民的根本利益。

1.要把代表人民、服务人民贯穿于改革开放和社会主义现代化建设的始终，团结广大人民群众为共同理想而奋斗。在根本利益上，党和国家与人民群众是一致的。因为人民的根本利益就是党和国家的根本利益，人民的根本要求就是党和国家的根本要求，人民的根本意志就是党和国家的根本意志。党和国家的一切活动，都是为人民谋利益；党和国家的一切政策，都要符合人民的意愿。人民的根本利益是党和国家制定一切路线方针政策的出发点和归宿。我们要把人民高兴不高兴、满意不满意、赞成不赞成、答应不答应作为检验我们的政策、措施正确与否的根本标准。因此，党和国家要代表人民的根本利益，就要从根本上维护人民的利益，最大限度地集中群众的智慧，团结一切可以团结的力量，调动一切可以调动的积极因素，把包括工人、农民、民营科技企业的创业人员和技术人员、受聘于外资企业的管理技术人员、个体户、私营企业主、中介组织的从业人员、自由职业人员和为祖国富强贡献力量的社会各阶层在内的广大人民群众动员起来，投身于党的伟大事业，为实现党确立的宏伟目标而奋斗。

2.要正确处理好新形势下各种不同的利益关系，以实际行动来赢得人民群众的信任。在建设中国特色社会主义的进程中，全国人民的根本利益是一致的，各种具体的利益关系和内部矛盾需要在这个基础上进行调节。因此，党和国家要忠实地代表最广大人民的根本利益，就必须在制定和贯彻方针政策时，正确地反映和兼顾不同方面群众的利益，妥善处理各方面的利益关系，使全体人民朝着共同富裕的方向稳步前进。要处理好利益多样化与根本利益的关系，充分认识经济利益多样化与人民根本利益的一致性，不能以经济利益多样化为理由，搞所谓政治多元化和经济私有化。要处理好局部利益与全局利益、个人利益与集体利益的关系，坚持维护全局利益和根本利益，同时又照顾和尊重个人利益与局部利益。要处理好眼前利益与长远利益的关系，关心群众的当前利益，同时又要看到长远利益，不能因为部分群众的眼前利益受到影响而动摇改革开放的决心，也不能只强调长远利益而忽视解决群众当前的现实问题。

3.要坚持群众路线的领导方法和工作作风，把全心全意为人民服务的宗旨落到实处。党的群众路线是：一切为了群众，一切相信群众，一切依靠群众，从群众中来，到群众中去。这是以毛泽东同志为代表的中国共产党人在长期革命和建设中逐步形成和发展起来的根本工作路线。群众路线对于执政党具有特别重要的意义。执政党的地位，既为党联系群众提供了有利条件，又有可能带来脱离群众甚至腐败变质的危险。执政党能否密切联系群众，是关系到党和国家的前途和命运的大问题。各级领导干部要全心全意依靠工人、农民、知识分子的力量和智慧，充分调动他们建设中国特色社会主义的积极性。要在一切工作中自觉地坚持群众路线，倾听群众的呼声，接受群众的监督，实行民主决策，关心群众生活，注意工作方法，为群众多办实事，办好事，坚决反对形式主义和官僚主义作风。

二、"诚信"是修业之基

1. "诚信"为经商置业的基础和前提，对企业的生死存亡具有决定性作用。首先，诚实信用是企业从事一切经济活动所必须履行的最基本的法律义务，不履行此义务，轻则影响企业的发展，重则可导致企业倒闭。"诚实信用"本是个道德范畴，但我国民法已赋予其法律意义，将其列为五项基本原则之一。我国民法规定，各个民事主体在从事各项民事活动（包括经济活动）时应以诚实信用为准则，正确地处理各种利益关系。在处理当事人之间的利益时，一方当事人应像对待自己事物一样来对待他方的事物，做到不欺不诈、不弄虚作假，使各方当事人都能得到自己应得的合法利益。在处理当事人与社会利益时，当事人不得通过自己的民事活动来损害国家、集体和社会的利益以及他人的合法权益。当事人在民事活动中应依据诚实信用原则，讲究信用，恪守承诺。诚实信用既是企业经商置业的行为准则，也是企业从事一切民事活动的"底线"。任何企业都要遵循民法所规定的诚信原则，自觉地把自己的经营活动限制在道德与法律许可的范围内，不得突破此"底线"。否则，不但其实施的行为无效，使企业蒙受巨大的损失，而且还将受到法律的制裁。如果说，在市场不规范的情况下，企业可以浑水摸鱼、逃避制裁，那么，在市场经济日趋成熟尤其是法律制度和信用体系不断健全的情况下，不讲诚信的风险就越来越大。事实上，如今企业不讲诚信的风险已经显露出来。我国温州曾是全国经济的排头兵，但后来却成了"假货"的代名词，以至于各地小商贩纷纷打出"绝无温州货"的牌子，使温州的经济深受其害。国外的企业也一样。在美国，由于财务造假丑闻，使得一些世界"重量级"的大公司走到了生命的尽头：安然能源公司倒闭，安达信公司解体，世界通信公司破产，等等，这就是不讲诚信的下场！其次，诚实守信是企业进行经营管理的内在要求。一方面，在经济日益全球化的今天，生产和交换的社会化程度越来越高，企业间的经济合作也越来越深。要长期维持这种合作关系，合作各方就要讲究信用、恪守诺言、诚实不欺，努力实现各合作主体的共同目标和利益。各合作主体只有在实现合作各方的共同利益的同时才能取得自身的利益。换句话说，在经济交往中各合作主体若想确保自身的利益，就必须在实现自身利益的同时忠实于对方，保证他人的利益得以实现。这样，企业的经济才能保持持续发展。另一方面，从企业的内部管理来说，也要讲究诚实守信。能否做到诚实守信是企业兴衰成败的关键。因为现在企业实行的是劳动合同制，经营者和员工之间建立了契约关系。大家能否信守合同，对于企业内部关系的和谐以及企业凝聚力的产生至关重要。若企业的经营者失信于员工，不能如实地兑现工资待遇、生活福利、劳动保护和业务培训等在合同中已明确向员工作出的承诺，那么员工的积极性就难以调动，严格的管理也就成为一句空话。同样，如果员工不履行合同规定的职责，企业的效率就难以提高，企业的发展也就无法实现。

2."诚信"可以减少交易成本，为企业增加经济效益。美国诺贝尔经济学奖获得者R科斯提出了"交易费用"的概念。他认为，当今时代要做成任何一项经济交易，都要付出包括时间、精力和金钱在内的各种费用以进行市场调查、信息取得、质量检查、防伪识伪和合同签订等。导致企业在生产环节以外增加交易费用的原因固然很多，但其中一个重要原因就是社会诚信的缺失。因为坑蒙拐骗、假冒伪劣、背信弃义乃至欺诈与杀熟等现象盛行，使得企业在进行交易的时候不得不把与其相对的一方先假定为一个骗子，然后对其进行一系列的信用调查，对其产品质量进行检查，同时与其签订供销合同并公证。就是在交易的每个环节，也都要不厌其烦地与其订立书面协议或请双方共同承认的证人在场。否则，企业一旦上当受骗，所造成的损失将更大。这样，企业几乎在进行每笔交易的时候都要多花上一倍甚至几倍的人力、物力与财力。据国家统计局统计，我国企业平均无效成本（坏账、拖欠款损失、管理费用三项之总和）是销售收入的14%，这是惊人的资源浪费！而只有诚信，具有减少企业交易成本的作用。原因很简单，诚信作为一种法律制度，一种行为准则，特别是作为一种优良的道德品质，对经济活动中交易者所面临的交易环境的不确定性和复杂性具有"简化"作用，从而可提高交易者对环境的认识水平和应对能力。一方面，诚信以

"社会共识"的形态作用于整个经济交易的过程，并帮助交易者降低环境中的不确定性程度。另一方面，诚信以其固有的"宽容"减少了环境的不确定性，以其"心理确定性"化解了环境的活动性和多变性，使交易者能在被诚信所降低和简化后的环境中作出决策，进而使之顺利实现以"小"的投入获得"大"的收益的交易目的。这在实践中表现为：交易双方在交易中都把交易的对方认定为诚实守信的。这样就无需花费太多的人力、物力和财力去提防对方。总之，由诚信缺失导致的不确定性进而导致的用于扯皮的事的费用都省掉了。企业的交易成本节约了，经济效益也就提高了。

3. "诚信"是一项重要的无形资产，能为企业赢得利润。以提出"时间就是金钱"的信条而著称于世的美国新教伦理的倡导者本杰明·富兰克林提出了信用就是金钱的口号。他告诫人们，市场竞争中，讲究信用，维护自己的信誉，不仅是一种道德要求，而且也是生财之道。因为企业赢利，首先就要把自己的产品销售出去。只有产品被消费者购买了，才能实现所生产产品的价值。企业的产品在市场上销售得越多，所占份越大，赚的钱就越丰厚。要把企业的产品推销出去，有两条路可走，一是白送或以低于商品价值价格亏本销售；二是以略高于商品价值的价格销售。哪条路才会赢利呢？显然第一条路不行，走第二条路才能获利，但它存在一个被消费者认同的问题。由于市场上同类型的产品很多，消费者不一定就买你的产品，他也有可能购买其他企业生产的产品，特别是在当前我国处在买方市场的情况下，企业间这种争夺消费者、争夺市场的竞争就更加激烈。因此，企业要赢利，归根结底是争得消费者。而对消费者来说最关心的莫过于获得可靠的商品和服务。这样，一个企业能否赢最终还是取决于该企业的信誉，企业的竞争事实上就是信誉的竞争。当然，企业要赢得良好的信誉是一件不容易的事情。技术的先进、产品的新颖、营销的灵活等固然是不可少的，但最根本的要靠产品的质量和服务取信于消费者。事实上一项产品是否质量优良，一种服务是否尽到了责任，都体现了企业的诚信度，体现了企业和企业的社会责任感。总之，从企业创造价值的角度诚信是一项重要的无形资产，它可以提升企业信誉，使其转化为企业的竞争优势，提高企业的经济效益。任何一个企业，高标准严要求地进行诚信建设，都是明智的，也是有价值的。因为这么做，企业不但会和正在交易的消费者结成牢固交易伙伴关系，而且还会为自己创造良好的信誉赢来更多的消费者，从而使企业赢得更多的利润，实现企业的可持续发展。

三、"诚信"是为人之道

在中华民族五千年的历史长河中，人们不仅把"诚信"视为立国之本、修业之基，而且把它作为为人之道而倍加推崇。《说苑敬慎》中就讲到，"颜回将西游，问于孔子曰：'何以为身？'孔子曰：'恭敬忠信可以为身。恭则免于众，敬则人爱之，忠则人与之，信则人恃之。人所爱，人所与，人所恃，必免于患矣'。"从这段话中可以看到，孔子在回答颜回所问的如何立身处世的问题时认为，立身处世之道在于"恭敬忠信"，即"诚信"。做人做到忠诚守信，就能得到他人的信赖和帮助，而为人所爱、为人所助、为人所信，就一定能免于各种患难。笔者认为，去掉"恭敬忠信"的封建主义内容，孔子所述的为人之道可为我们今天所用。第一，从历史上看，诚信作为为人之道，经过几千年的实践，已经成为中华民族的传统美德，成为人们相互间团结友爱、相安共处、互帮互助的基础，并深深地积淀在人们的生活和意识里。在现实生活中，人们经常说"诚则灵"、"精诚所至，金石为开"，这说明诚信不仅是条精神纽带至今还在维系着我们的人际关系，而且它已经成为人们为人处世的人生哲学。第二，从理论上说，人们在工作、生活和社会交往中面对许许多多的社会关系，这些关系多种多样、千变万化，但有一种关系是不变的，这就是人与人之间的诚信关系。由于诚信关系是人际间的基本关系，所以为人之道首先应当建立在诚信关系的基础之上。这是做人的起码条件，也是处理人与人之间、人与社会之间关系的最起码的要求。这样做，有助于人与人之间、人与社会之间的沟通与协调，有助于人与人之间、人与社会之间合作与信赖关系的建立，有助于人的全面发展，更有助于经济的发展和社会的进步。第三，从实践上讲，是否讲诚信已经成为人们衡量一个人为人怎么样的普遍标准。在现实生活中，只有那些诚恳老实、言而有信者，才能受到世人的敬重和爱戴，才能立足于社会；而那些巧言令色、虚伪狡猾、阳奉阴违、言而无信的人，则受到世人的鄙视和痛恨。诚信仍然是为人之道，是做人的根本，那么我们为人处世就必须以诚信为原则，做老实人，说老实话，办老实事。

1.做老实人。老实人是有一定标准的。这个标准是什么？那就是具有坚定的理念和严肃的原则态度，坚持实事求是，尊重客观实际和客观规律，取信于民，为人民谋利益。在改革开放、全面推进社会主义现代化的今天，判断一个人是不是老实人就要看其能否毫不动摇地贯彻执行以经济建设为中心、坚持四项基本原则、坚持改革开放的基本路线；能否解放思想，实事求是，言行一致，表里如一，讲信用，守承诺；能否爱岗敬业，忠实地代表最广大人民的根本利益，忠于祖国，对建设有中国特色社会主义事业无限忠诚。因此，在建设富强、民主、文明的社会主义国家中，我们要建立完善的机制和良好的社会环境，对那些认真贯彻执行党和国家的路线方针政策、开拓进取、诚实守信、清正廉洁、把精力用在勤勤恳恳为人民服务上且群众信任和拥护的人，要大力肯定和褒扬。对那些四平八稳、八面玲珑、无是非观念、奉行"你好、我好、大家好"的处世哲学的人，对那些脱离群众、脱离实际、搞形式主义和官僚主义的人，对那些作风漂浮、不干实事、弄虚作假、表里不一、欺上压下、不讲信用的人，对那些因循守旧、照抄照搬、不思进取的人，对那些作风霸道、弄虚作假的人，对那些因循守旧、不顾大局、闹不团结、跑官要官、贪图享乐、以权谋私的人，要进行批评和教育，直至作出严肃的组织处理和法纪处分。

2.说老实话。说老实话，顾名思义，就是要说真话，不说假话、大话、空话。说真话还是说假话，归根到底是要不要与敢不敢坚持真理、坚持实事求是这一马克思主义根本原则的问题。因为讲真话，反映实际情况，是诚实守信、实事求是的基本内容。坚持实事求是的人，**必然是尊重事实、决不文过饰非的人**。有些人在个人利益与集体利益相一致的情况下，敢于说真话，但在两者相矛盾的情况下，往往由于考虑个人的得失而难以讲真话，有的甚至会通过弄虚作假、虚报浮夸乃至歪曲事实真相的手段来骗取权力、荣誉、地位或钱财。我们一定要弘扬中华民族讲诚信的道德美德，在全社会造成一种以讲真话为荣，以讲假话、大话、空话为耻的社会风气，使人们对己、对事、对他人都能实事求是。只有这样，老老实实这一优良品质才能在更多的人身上生根开花，成为推动人们奋发向上的力量。

3.办老实事。办老实事是一个人诚信的具体体现，也是为人民服务的根本要求。任何一个公民都要增强事业心和责任感，坚持科学态度和求实精神，兢兢业业地做好本职工作。要埋头苦干，扎实工作，坚持办实事。特别是我们的领导干部，要在想问题、作决策、办事情的时候，始终把符合最广大人民群众的根本利益放在第一位，按"三个代表"的要求，真心实意地为群众办实事、办好事，反对搞华而不实和脱离实际的"形象工程"、"政绩工程"。总之，"实干兴邦，空谈误国"，全党上下、全国上下，要狠刹形式主义、官僚主义歪风，重实际，说实话，务实事，求实效，大兴脚踏实地、埋头苦干之风，为中华民族的伟大复兴，为我们的幸福生活和美好未来而努力奋斗！

第四节 友善

党的十八大报告对我国的社会主义核心价值观进行了提炼，"友善"与其他11个价值观一道被列为我国的社会主义核心价值观。"友善"价值观一直以来都得到人们的推崇，无论在东方文化还是西方文化中，"友善"都被视为宝贵的美德。"友善"是爱的外化和拓展，是构建社会成员之间和谐关系的道德纽带，也是维护健康社会秩序的伦理基础。因此，它既是一种高尚的道德品质，也富含社会伦理意义，在社会生活中发挥不可替代的作用。当前，我国正处于建设小康社会的关键时期，社会形态、结构都处于转型阶段，"友善"作为一种核心价值观，一方面指引人们人格的完善和公民道德的培育，另一方面引领社会关系和秩序的优化。

一、"友善"是每一个公民都应该具备的优秀个人品质

"友善"是对于人们内心爱的表达，源自人们对于善价值的追求。古希腊哲学家亚里士多德把友爱分为善的友爱、有用的友爱和快乐的友爱三种，认为善的友爱才是稳定、持久，值得人们追求的。"友善"是"友"和"善"的统一，具有亚里士多德所言善的友爱意味。在这一意义上，"友善"意味着人们对于他人的自我道德投射，即发现他人与自我的道德相似性。对他人的"友善"本质上是对于他所具备的优秀品质的推崇。就此而言，"友善"的发生基于人们对于美德的追求。"友善"也是爱的真切表达，促使人们愿意与他人共同生活，尊重、接受他人。在"友善"中，自爱和他爱得到了完美的结合，自利与他利之间也构筑了通达的桥梁。亚里士多德认为一旦与某人成为朋友，即必须对待他像对待自己一样，在实现自我的利益时考虑他人的利益。在我国的传统文化中，"友善"也表现出了与亚里士多德相似的内涵。孔子提出"仁者爱

人"，孟子则强调与人为善，其内涵都在于以善为原则帮助成就他人。因此，"友善"不是毫无原则地建立人际关系的技巧，而是人际之间为了实现善价值的相互促进和帮助。在个人层面，"友善"是优秀的道德品质，是塑造完美人格的重要内容。

二、"友善"是重要的公民道德

公民是一种社会角色，更是一种政治身份。这一身份既赋予公民个体相应的社会权利，也要求人们承担相应的社会责任、履行相关义务。要充分行使公民权利，开展社会生活，就必须具备公民道德。公民道德是人们以公民身份进入公共领域的基本资格。"友善"是一种基本的公民道德。在公民道德体系中，"友善"的涵义在于能够以尊重和宽容之心对待其他的社会成员，能够在促进、实现自我权利的同时关照他人的权利。尊重是"友善"的第一要义。就我国社会而言，随着社会主义市场经济模式及其配套政策的完善，城市化进程的深入，公共领域不断拓展，社会流动性日益增强，社会结构也更为复杂。在社会生活中，人们来自不同的地区，来自不同的家庭，有着各自独特的家庭背景、文化习惯、成长经历，甚至使用不同的语言。社会成员之间既缺乏天然的血缘联系，也缺乏共同生活的经历，成员之间更多的是一种陌生者关系。那么，以何种态度来面对陌生者？作为公民，大家都在同一个社会体系中合作、共生。一个社会就是一个公民合作体系，人们虽然可能未曾谋面，但却以各种方式在社会生活中相互合作，所有公民都在这种合作中实现自己的社会价值和期待。公民身份本身也具有强烈的对于平等的诉求。公民身份表明，任何社会成员都具有平等的社会权利。因此，不论在社会生活中扮演何种角色，处于何种社会地位，公民之间都必须相互尊重。"友善"是相互尊重的集中体现。

三、"友善"是一种爱的宽容

随着社会结构变得复杂，社会的多样性也表现得愈发充分。具有不同生活经历和背景的人们也持有各不相同的语言、行为习惯、价值取向和人生态度。"友善"意味着社会成员之间具有包容性，能够在内心接纳与自己的社会生活方式不同的其他社会成员。需要指出的是,"友善"是一种基于善的宽容和认同。对于其他的社会成员,"友善"并不是指对于他们的不道德行为或者陈腐观念漠视和纵容。

"友善"作为公民道德,强调对于他人权利的关照。在现代社会中,商品经济是主导性的经济发展模式。伴随着商品的无孔不入,商品经济文化也得以广泛传播,并且对于人们的社会生活产生了深层影响。商品经济运行模式以个人的经济理性为基础,这种模式所负载的文化促进人们自我意识的膨胀。人们在社会生活中往往过分关注自我利益的增长,而忽视了自我权利与他人的边界。这也是很多社会不文明现象的根源。"友善"的基本含义就是在公共生活中既关切自我利益的实现,也尊重他人的权利。

四、"友善"健康社会生活的价值期待

在现实生活中,"友善"价值观发挥着不可替代的重要作用。

其一,"友善"价值观有助于社会成员的团结。正如

我们在探讨"友善"的公民道德意义时所分析的，现代社会是一个陌生人社会，社会成员之间不是以某种天然的联系而缔结在一起的。但是社会成员都在社会生活中实现自己的目标和价值。维持社会合作体系需要公民之间建立超越血缘的稳定联系。"友善"就是联系各社会成员的价值纽带。最高层次的"友善"是社会成员在追求共同善的过程中所达成的相互认同。在现代多元社会中，"友善"是一种开放的道德姿态，它帮助人们在多元思想和文化中去找寻共同的价值追求，为共同善的实现而努力。在对于共同善的追寻和实现过程中，社会成员建立稳固的伙伴关系。就此而言，"友爱"也是形成社会合作体系不可或缺的价值观。

其二，"友善"价值观推动社会民主的实现。如前文所述，现代社会展现出明显的多元特征。在现代社会中，大家在文化传统、思想观念、道德理想、受教育水平方面都存在着差异。在这种背景下，也出现了多元的社会群体。问题在于，民主是现代政治的基本价值，也是政治的合法性依据。任何社会成员都不能因为他人与自己的差异而将之排出在公共领域之外。相反,人们需要尊重所有的社会成员,任何社会成员都应该具有参与公共事务的权利。"友善"价值观让人们能够以善意的眼光看待彼此的差异,在社会生活中充分尊重他人的自由权利和私人领域,恰如孟德斯鸠的名言——"我可以不赞成你说的,但我将誓死维护你说话的权利"。更为重要的是,"友善"价值观内涵的尊重与包容为社会成员广泛参与公共生活提供了良好的社会心理、文化环境,为社会民主的实现提供有力支撑。

其三,"友善"价值观有利于社会张力的消解。"友善"价值观能够帮助人们消弭社会群体的歧视,消解社会生活中的张力。市场经济毫无疑问是社会发展的基本模式。这种发展模式在为社会创造巨大财富的同时,也制造了人际间的紧张。市场经济的内核就是竞争机制,通过社会各层面的竞争让资源配置达到最优化的状态。因此,那些适应市场,具备更卓越经济能力的人能够分配更多的社会资源,占据更为有利的社会地位。市场机制的这种后果导致了贫富差距、社会群体分化等问题。竞争意识的增强也让人们感受到来自其他社会成员的压力。我国贫富差距在经济快速发展中也日渐扩大,基尼指数超过了0.5,处于社会有利地位的人和处于社会不利地位者之间的矛盾变得更为突出。社会心理层面存在着轻视穷人、妒忌富人甚至仇恨富人等现象。究其原因,在于社会群体之间缺乏通达的桥梁。"友善"则为构建这种桥梁提供了价值基础。"友善"传达的是共同开展社会生活的意愿,传递的是一种平等的爱。"友善"促使社会成员成为社会生活的伙伴。"友善"所体现的是完全平等的道德关系,这种关系是在平等的社会成员之间自愿构建的。"友善"价值观能够让人们平等地看待其他社会成员,消除群体间的歧视和轻慢。在利益的层面,"友善"让人们从社会整体的角度理解自我与他者的关系。既然大家都是共同生活的伙伴,就应该互利互惠,不仅要扫自家门前雪,还要管他人的瓦上霜。社会生活中不只存在着利益的交换,在实现自我利益的同时促进他人利益的增长,相互合作中实现彼此的愿想才是社会生活的真谛。这也是消除社会群体隔阂的根本途径。

其四，"友善"促进社会互信体系的完善。互信是当前社会建设的重要内容。最近几年突发的食品安全问题，制假、造假问题，社会欺骗问题都暴露了社会信任危机。这也是当代社会生活面临的重大挑战。社会信任危机的产生一方面是由于信任制度的不完善，更重要的原因则是社会关系的异化。社会治理之难，就在于如何引导社会成员以正确的价值观理解相互关系，引导自己的行为。如果社会成员之间都将彼此理解为工具性的关系，那么，社会信任就面临考验。"友善"价值观植根于"仁爱"的道德心理，要求人们能够像对待自己一样对待他人。实现"仁爱"的忠恕之道指出，"己欲立而立人，己欲达而达人"；"己所不欲，勿施于人"。其实质在于将其他的社会成员当作目的，而不仅仅是实现自我利益的手段。"友善"价值观将牵引人们在社会生活中真诚地对待他人，履行对于他人的责任和承诺。"友善"价值观在社会成员中传递友爱和真情，能够加深相互之间的信任程度，为社会成员互信提供心理基础。

总之，"友善"作为一种价值观，引领着人们在纷繁的社会生活中寻求人际之间真挚的道德情感，也在实现自我价值和利益的脚步中追求人性的善和社会的公共价值。它是凝结社会成员的纽带，也是建立和谐社会关系的价值基础。将其列为社会核心价值观既具有道德合理性，也具有政治伦理合理性。